Jeroen Hendriksen

Intervision

Edition Sozial

Jeroen Hendriksen

Intervision

Kollegiale Beratung in
Sozialer Arbeit und Schule

Aus dem Niederländischen übersetzt von
Ellen Rudert und Reinhard Koch

3. Auflage 2011

Juventa Verlag Weinheim und München

Der Autor

Jeroen Hendriksen, Jg. 1945, Physiotherapeut und Sozialpädagoge. Er ist Leiter des Instituts für Haptonomie in Doorn, Niederlande, außerdem Trainer und Berater.

Titel der Originalausgabe: Begeleid intervisie model. Collegiale advisering en probleemoplossing. ©1997 Uitgeverij H. Nelissen B.V., Baarn. Der Übersetzung liegt die 2. Auflage 1998 zu Grunde.

Bibliografische Information Der Deutschen Nationalbibliothek

Die Deutsche Nationalbibliothek verzeichnet diese Publikation in der Deutschen Nationalbibliografie; detaillierte bibliografische Daten sind im Internet über http://dnb.d-nb.de abrufbar.

1. Auflage 2000
2. Auflage 2002
3. Auflage 2011

Umschlaggestaltung: Atelier Warminski, 63654 Büdingen
Umschlagabbildung: Wolfgang Schmidt, Ammerbuch
Printed in Germany

ISBN 978-3-7799-2080-9

Inhaltsverzeichnis

Vorwort zur deutschen Ausgabe

Beim Besuch von Straßenkinderprojekten in Den Haag und Amsterdam 1997 hörte ich zum ersten Mal von Intervision. Die Projekte seien durch wöchentliche Supervision und Intervision in den ersten beiden Jahren angeleitet worden, wurde berichtet.

Bis zu diesem Moment kannte ich den Begriff Intervision lediglich als Bezeichnung für das osteuropäische Pendant der Eurovision. Aber diese Intervision hatten die niederländischen Kollegen zweifellos nicht gemeint.

Mein Konversationslexikon von 1985 verwies unter dem Stichwort Intervision allerdings auch nur auf den kommunistischen Fernseh-Verbund, und die allgemeinen wie die sozialpädagogischen Wörterbücher schwiegen sich zum Begriff Intervision ganz aus.

Intervision, das stellte sich nach Rückfragen in den Niederlanden heraus, ist dort ein verbreitetes Verfahren zur berufsbegleitenden Fortbildung und Qualifizierung von LehrerInnen, SozialarbeiterInnen, PsychologInnen und anderen Personen in helfenden oder ausbildenden Berufen. Intervision schien nach dem ersten Eindruck von allem etwas zu sein: Methodenberatung und Gruppendynamik, Selbstevaluation und Moderationstechnik. Insgesamt hatte es eine deutliche Nähe zum Verfahren der Kollegialen Beratung, die in Deutschland zunehmend angewendet wird. Dabei fiel mir allerdings ein Widerspruch auf. Kollegiale Beratung in Deutschland funktioniert nach den Regeln einer Selbsthilfegruppe: Es gibt keine Leitung, die Erfahrungen aller TeilnehmerInnen sind von gleicher Wichtigkeit und man findet Problemlösungen im Gespräch unter Gleichen. Die niederländischen Intervisionsgruppen nutzen zwar auch die Erfahrungen und Kenntnisse der KollegInnen für die Lösung professioneller Probleme, die Gruppen werden aber in der Re-

gel durch einen Intervisor oder eine Intervisorin begleitet. Alle diese Informationen hatten mich neugierig gemacht.
So viel zur Vorgeschichte.

Bei der Suche nach niederländischer Literatur zum Thema »Intervision« stieß ich auf das vorliegende Lehrbuch von Jeroen Hendriksen, das in den Niederlanden bereits dreimal neu aufgelegt wurde. Das erste Buch des Autors zum Thema erscheint derzeit in der achten Auflage. Hendriksen kann demnach als Experte für das Thema Intervision in den Niederlanden gelten.

Die Fälle und Konflikte, an denen Hendriksen Intervision als praktisches Verfahren erläutert, stammen zwar überwiegend aus dem Schulbereich. Im Kern geht es aber um zentrale Aufgaben der Personalentwicklung sozialer Organisationen: um die Einarbeitung neuer MitarbeiterInnen, d.h. um die Bewältigung des Praxisschocks, um die Bewältigung von Burnout-Symptomen bei langjährigen MitarbeiterInnen und um die Qualifizierung der Führungskräfte für eine partizipatorische Leitungstätigkeit. Für alle diese Probleme werden von Hendriksen Lösungen aufgezeigt, die Intervision einbeziehen[1].

Die Übersetzung des Buches bestätigt den ersten Eindruck, dass Intervision für deutsche Praktiker nicht völlig neu ist. Intervision wird in den Niederlanden offensichtlich als Sammelbegriff für die Vielzahl unterschiedlicher Beratungskonzepte verwendet, mit denen Fachkräfte Probleme am Arbeitsplatz (ohne oder mit professioneller Hilfe) klären können. Gerade jene Ansätze, die ohne externe Moderation auskommen, beispielsweise kollegiale Beratung, Selbstevaluation, Verfahren, mit denen sich die Kollegen selbst aus ihrem »professionellen Sumpf« ziehen können, erfreuen sich derzeit in Deutschland großer Beliebtheit. Genau für dieses Vorgehen

1 Praxisschock, Burnout und Leitungsprobleme gibt es in der Sozialen Arbeit wie auch in der Schule. Die deutsche Schule hat allerdings beamtenspezifische Problemlösungen entwickelt – vom Referendariat für die Abfederung des Praxisschocks bis zur vorzeitigen Pensionierung bei Burnout-Syndromen – die in dieser Form weder im niederländischen Schulsystem noch in der Sozialen Arbeit Deutschlands vorhanden sind. Dennoch sind die niederländischen Erfahrungen für Schulen in Deutschland interessant

wurde von Hendriksen ursprünglich der Begriff Intervision geprägt.

Die praktischen Probleme und Grenzen der professionellen Selbst-Beratung haben Hendriksen allerdings veranlasst, an einer entscheidenden Stelle sein Verfahren zu modifizieren: In seinem hier vorliegenden zweiten Buch schlägt er einen (externen) Moderator für die Intervisionsgruppen vor, den er Begleiter nennt. Das Ergebnis, die begleitete Intervision, hat sich inzwischen in den Niederlanden weitgehend durchgesetzt. Intervision in den Niederlanden ist heute begleitete Intervision:

Die Gründe für die Veränderung des ursprünglich selbstorganisierten Settings, Vorschläge zur Funktion und zur Haltung der Begleitung erläutert Hendriksen detailliert in den ersten Kapiteln. Diese niederländischen Erfahrungen könnten auch in Deutschland die manchmal übersteigerten Erwartungen an die Selbstregulierungskompetenz kollegialer Beratungsgruppen dämpfen.

Durch die Einführung eines Intervisors bzw. einer Intervisorin für die Begleitung der Intervisionsgruppe scheint allerdings der Unterschied zur Supervision zu verschwinden. In Deutschland zumindest wird Kollegiale Beratung oft als »Supervision ohne SupervisorIn« verstanden[1]. In den Niederlanden ist die Abgrenzung der begleiteten Intervision eher noch schwieriger, weil bei unseren Nachbarn die pädagogisch-fortbildenden Aspekte der Supervision traditionell stärker betont werden als in Deutschland. Hendriksen verwendet als unterscheidendes Merkmal Qualifikation und Funktion von IntervisorIn bzw. SupervisorIn. Während die zuletzt genannten eine mehrjährige Ausbildung brauchen, sind Berufserfahrung und Moderationswissen ausreichend, um eine Intervisionsgruppe zu begleiten. Für die deutsche Situation kann man als weiteres unterscheidendes Merkmal hinzufügen, dass therapienahe Settings und Methoden, die für Supervision legitim und notwendig sind, in der Intervisionsgruppe nicht erforderlich sind bzw. vermieden werden müssen. Intervision ist vor allem praxisnahe Fortbildung, die sehr gezielt und effektiv professionelle Lernprozesse in-

1 Vgl. u.a. Sigrid Rotering-Steinberg: Ein Modell kollegialer Supervision, in: Harald Pühl (Hrsg.): Handbuch der Supervision, Berlin 1990, S.428–440

itiiert. Diese Aufgabenstellung erfordert den Einsatz sehr vielfältiger Methoden. Auch dies ist ein Unterschied zur Supervision, die im Wesentlichen das methodische Repertoire ihrer therapeutischen Grundorientierung (u.a. Gestalt, Psychodrama, Gesprächs- oder Verhaltenstherapie) verwendet. Für die Intervision hat Hendriksen eine sehr breites, ekklektizistisches Methoden-Repertoire für die Moderation von Intervisionsgruppen zusammengestellt.

Schließlich kommt es in der Intervision entscheidend auf die Selbststeuerung der Gruppe an, ein Aspekt der in der Supervision eher nachrangig ist. Intervisionsgruppen sollen sich mittelfristig von ihrer Begleitung lösen können, um ihre professionellen Probleme ohne externe Hilfe zu bearbeiten. Supervisionsgruppen ohne Leitung werden zu Intervisionsgruppen.

Man könnte Intervision als einen systemischen Arbeitsansatz bezeichnen, wenngleich der Autor des vorliegenden Buches solche Etikettierung vermeidet. Auch die Unterschiede zu verwandten Beratungsansätzen werden – mit Ausnahme der Supervision – eher beiläufig erwähnt. Hendriksen scheint weniger daran interessiert, die Einzigartigkeit und Unverwechselbarkeit seines Vorgehens zu präsentieren, als vielmehr daran, die praktische Verwendbarkeit, die Sinnfälligkeit und Attraktivität der Intervision nachzuweisen. Aus dieser Absicht resultiert eine gewisse Simplizität mancher seiner Beispiele, die dem deutschen Fachpublikum, das an dichte fachliche Diskurse gewöhnt ist, etwas zu schlicht vorkommen könnten. Die pragmatisch begründete Einfachheit des Buches verweist aber auf zwei wesentliche Vorteile der Intervision.

Zunächst werden dem Leser/der Leserin keine langwierigen Theorieableitungen als Voraussetzung zum Verständnis der Intervision zugemutet. Solche Bezüge wären sicher möglich. Intervision ist aber nicht als Konsequenz theoretischer »Tüftelei« entstanden, sondern als Reaktion auf praktische Erfordernisse. Der erste Vorteil der Intervision besteht also darin, dass die Konsistenz des Verfahrens nicht über Theorie »bewiesen« wird, sondern über ihre Sinnfälligkeit innerhalb der professionellen Praxis. Das Buch ist deshalb auch als Nachschlagewerk für PraktikerInnen gestaltet, mit einer Vielzahl genau beschriebener Verfahren (Kapitel 5) zur Begleitung und Moderation von Gruppen.

Die Vielfältigkeit der empfohlenen Verfahren verweist auf einen zweiten Vorteil der Intervision, ihre prinzipielle Offenheit, ihre Anpassungsfähigkeit an neue Aufgaben, ihre Assimilationsfähigkeit für Konzepte jeder Art, für neue Vorgehensweisen und Techniken. Hendriksen schlägt beispielsweise für die Klärung komplexer Probleme unter anderem auch Meditation (Kapitel 5.1.6) vor. Wohlgemerkt meint er damit keine neue Form des meditativen Diskurses, sondern jene Form der Meditation, die lediglich aus langem Stillsitzen und Mundhalten besteht. Es ist zweifellos gewöhnungsbedürftig, traditionelle Meditation als Technik der Gruppenarbeit zu akzeptieren, neben Themenzentrierter Interaktion, Brainstorming und Vierfelder-Swatch-Analysen. Aber Intervision als offenes Setting hält diese Vielfalt aus. Genau genommen ist die vorbehaltlose Offenheit für jedes Arbeitskonzept, das zur Lösung eines Problems in Gruppen beitragen kann, die wichtigste Stärke der Intervision.

Die bisher relativ abstrakte Beschreibung von Intervision und die Argumentationen zu ihrer theoretischen und praktischen Verortung werden an Deutlichkeit und Farbe gewinnen, wenn ihre Funktion und Wirkungsweise im Rahmen eines konkreten sozialpädagogischen Vorhabens beschrieben wird. Es geht dabei um den Transfer des einleitend bereits erwähnten niederländischen Straßenkinderprojektes in die deutsche Jugendhilfelandschaft. Der Transfer wird im Auftrag des Bundesministeriums für Familie, Senioren, Frauen und Jugend in den Jahren 1998 bis 2001 in vier deutschen Städten (Magdeburg, Leipzig, Dortmund, Nürnberg) und einem Landkreis (Harburg) erprobt. Nicht in alle Details des Transfer-Projektes, das unter der Bezeichnung AIB (Ambulante Intensive Begleitung) vom Institut des Rauhen Hauses für Soziale Praxis (*isp*) durchgeführt wird, können hier erläutert werden, sondern nur der Anteil von Intervision für die Implementierung des niederländischen Ansatzes in den fünf Standorten[1].

1 Ausführliche Informationen über das Projekt finden sich auf den Internet-Seiten des Instituts unter der Adresse: www.soziale-praxis.de (Projekte; AIB)

Das Institut hat sich weitgehend an die niederländische Vorgehensweise bei der Implementierung neuer Teams angepasst. Die MitarbeiterInnen aus den Standorten wurden in einer nur viertägigen Qualifizierung mit dem Verfahren bekannt gemacht. Der Einstieg und die ersten konkreten Arbeitsaufgaben wurden besprochen. Weiterhin wurde mit den Teams, die überwiegend aus berufserfahrenen SozialarbeiterInnen bestanden, besprochen, dass sie als AIB-Team neue Verhaltensweisen im Umgang mit Klienten würden einüben müssen, Verhaltensweisen, die ihren bisherigen professionellen Vorstellungen von Sozialer Arbeit zuwiderlaufen könnten. Sie müssten beispielsweise lernen, mit Klienten zu arbeiten, ohne zuvor eine Betreuungsbeziehung aufgebaut zu haben.

Im Rahmen der viertägigen Qualifizierung wurde ein erster Intervisionskontrakt mit den Teams vereinbart, der ihnen versprach (vielleicht auch zumutete), dass in vierzehntägigem Abstand eine Mitarbeiterin, ein Mitarbeiter des *isp* vier Stunden zur Intervision erscheinen würde. Und dies zwei Jahre lang.

Ziel der Intervision ist es, alle MitarbeiterInnen zu befähigen, als AIB-Team zu arbeiten. Gleichzeitig soll geklärt werden, wie das AIB-Team in die (örtliche) Jugendhilfelandschaft eingepasst werden kann. Zum einen soll Intervision also die berufsbegleitende Qualifizierung für einen neuen Ansatz in der Jugendhilfe leisten, zum anderen soll durch Intervision eine jugendpolitische Fragestellung auf der Grundlage örtlicher Bedingungen bearbeitet werden.

Diese sehr komplexe Zielsetzung für die Intervision schien realistisch, weil parallel zur Intervision den Teams – ebenfalls alle vierzehn Tage – auch Supervision durch eine Mitarbeiterin, einen Mitarbeiter des *isp* angeboten wird. Auf diese Weise hat jedes Team im wöchentlichen Abstand einen mehrstündigen Kontakt mit der Begleitung des Projektes, entweder mit dem/der SupervisorIn oder mit dem/der InvervisorIn.

Mit dieser Form der Implementierung eines Modellprojekts wird ein weiteres Ziel verfolgt. Es soll nämlich geklärt werden, ob durch diesen vergleichsweise engen Praxiskontakt die »nachhaltige« Implementierung eines neuen methodischen Ansatzes erreicht werden kann. »Nachhaltig« bedeutet in diesem Fall, tatsächliche Veränderungen der professionellen Praxis zu erreichen, die professionelle

»Assimilationen« des Neuen zu vermeiden. In der beruflichen Praxis werden bekanntlich neue Ansätze in der Regel häufig so lange verändert, bis sie den vertrauten, professionellen Routinen gleichen, die sodann mit neuem »Etikett« weitergeführt werden können. Diese etwas pointiert beschriebene Resistenz der Praxis gegen Innovation sollte durch die Verwendung der Intervision überwunden werden.

Die nachhaltige Implementierung neuer Konzepte ist ein Beispiel für die Offenheit der Intervision, eine Ausweitung des Settings, das wir aus den Niederlanden übernommen haben. Hendriksen beschreibt Intervision lediglich als ein Verfahren, das das professionelle Wissen in einer Organisation neu strukturiert, Wissensblockaden auflöst, disfunktionale Strukturen erkennbar macht usw. Im AIB-Modellprojekt soll ein Team, das mit neuen Methoden arbeitet, in bestehende Strukturen (Jugendhilfelandschaft einer Kommune) implementiert werden und dabei seine organisatorische wie professionelle Andersartigkeit wahren.

Die Verfahren und Vorgehensweisen von Intervision, die Hendriksen bei seiner Arbeit mit Lehrern anwendet, unterscheiden sich aber nicht von denen, die bei der Implementierung der niederländischen wie der deutschen AIB-Teams eingesetzt wurden und werden. Diese Funktion der Intervision macht die Übersetzung des niederländischen Standardwerkes von Hendriksen zur Intervision für die deutsche Diskussion besonders wichtig. Den gegenwärtigen Versuchen, mit neuen Konzepten und Methoden Mängel der Sozialen Arbeit zu beheben, fehlt nämlich ein erprobtes Verfahren zur Implementierung von Innovationen.

Konzentriert man den Blick nur auf die Jugendhilfe im engsten Sinne, die Hilfen zur Erziehung, zeigt sich dieses Defizit beispielsweise beim Transfer des amerikanischen »Families-First«-Konzeptes nach Deutschland. Zunächst ist offensichtlich, dass jede SPFH-Einrichtung, die auf sich hält, vorgibt mit dieser Methode zu arbeiten. Aber auch die Evaluation der Einrichtungen, die sich auf die Anwendung systematisch vorbereitet haben, zeigt eine große Unsicherheit in den Implementierungsverfahren. Ist es beispielsweise notwendig, das gesamte Qualifizierungsprogramm, das das Hospital St. Wendel anbietet, zu absolvieren oder reicht auch eine »selbst gestrickte« Weiterbildung, wie sie beispielsweise von einem Frankfurter Träger für seine MitarbeiterInnen entwickelt wurde? Die Evaluation der erzielten Ergebnisse im Saarland und in Frankfurt durch die Planungsgruppe Petra weist zunächst darauf hin, dass mit beiden Formen der Implementierung etwa gleich gute Ergebnisse zu erzielen sind. Doch welche der Implementierungen kann sich »nachhaltig« in der jeweiligen Jugendhilfestruktur behaupten, d.h. mit welchem Implementierungsaufwand sind effektive langfristige Veränderungen der örtlichen sozialpädagogischen Familienhilfen zu erzielen? Diese Fragen zur nachhaltigen Implementierung von Innovationen werden derzeit nur selten gestellt. Intervision als Konzept für die berufsbegleitende, externe Qualifizierung könnte den Blick für eine nicht nur ergebnisfixierte Beurteilung von Innovationen öffnen.

Aber auch dann, wenn vor allem die strukturierende Funktion von Intervision gesehen wird, kann das Buch von Hendriksen neue Impulse setzen. Die Diskussionen um die lernende Organisation, um Personal- und Qualitätsmanagement in der Sozialen Arbeit verlangen, bei aller Unterschiedlichkeit der Zielsetzungen und Ansätze, die stärkere Beteiligung von MitarbeiterInnen an internen Arbeits- und Entscheidungsprozessen. Für Leiter von sozialen Einrichtungen und andere Praktiker, die die genannten sehr vielfältigen Umbau-, Qualifizierungs- und Aktivierungsprozesse umsetzen müssen, für externe und interne Moderatoren, Qualitätsbeauftragte, Weiterbildungsexperten und Berater könnten die von Hendriksen vorgestellten und sehr genau beschriebenen Intervisionsverfahren außerordentlich hilfreich sein.

Hamburg, im März 2000 *Reinhard Koch*

Einleitung

»Die Dinge, die wir lernen müssen, um sie zu tun, lernen wir, indem wir sie tun«, sagte Aristoteles.

Erfahrungslernen, auch damals schon. Auf solche Art ist auch diese Arbeit zu Stande gekommen.

Mein erstes Buch »Intervision bei beruflichen Problemen« wurde inzwischen zum achten Mal aufgelegt und löste viele positive Reaktionen aus. In vielen dieser Reaktionen wurde aber auch immer wieder auf das gleiche Problem hingewiesen: Intervision ist leichter gesagt als getan. Solange die Intervision nicht in den beruflichen Alltag eingebunden ist, bleibt sie unverbindlich. Und zu Beginn können die Teilnehmer, wenn sie nicht ganz außergewöhnlich engagiert sind, mit Intervision oftmals nicht viel anfangen. Diese Kritik trifft zu, und die daraus erwachsenden Probleme haben mich während der vergangenen Jahre sehr beschäftigt.

Die Veröffentlichung dieses Buches über begleitete Intervision sehe ich als Lösung der Probleme. Die Praxis der Intervision ist sehr viel kreativer als ihre »Theorie«, und so ist die Lösung auch von dort gekommen: Die Intervisionsgruppe braucht einen Begleiter! Die praktische Umsetzung dieser Idee werde ich in diesem Buch vorstellen.

Auch begleitete Intervision setzt ein großes Maß an Eigenverantwortlichkeit und Autonomie der Teilnehmer voraus. Ich gehe davon aus, dass sie aus sich selbst heraus für sich selbst lernen wollen. Die besten Lernmaterialien sind immer die eigenen Erfahrungen. Die Teilnehmer sollten gern und kreativ lernen wollen, mit lachenden und weinenden Augen, mal störrisch und mal hüpfend wie bei einer Springprozession.

Der Intervisor begleitet diesen Prozess. Sachverständig, doch mit dem nötigen Abstand. Präsent, aber fast unsichtbar. Als Prozessbeobachter vermittelt er Feedback und Unterstützung. Er hält sich zurück, um jedem Teilnehmer die Möglichkeit zu geben, beim Lernen der eigene Lehrer zu sein. In einer Atmosphäre des Vertrauens, der Geborgenheit, von gegenseitigem Respekt und Anerkennung entsteht – frei nach dem Philosophen Cornelis – Raum für die Selbststeuerung von Prozessen.

Menschen in der Intervision wollen Aufmerksamkeit, suchen ein Ohr für die Dinge, die sie beschäftigen, für das, was sie deprimiert oder was ihnen Erfolgserlebnisse verspricht. Einander zuzuhören, miteinander zu sprechen, sich Feedback zu geben, das kann eine ganz neue Welt sein. Andere zu verstehen, Erfahrungen zu teilen, einander zu helfen und zu unterstützen ist für alle von Nutzen.

In Kapitel 1 gebe ich einen allgemeinen Einblick in die Grundlagen der Intervision und die Phasen des Intervisionsprozesses. Weiterhin werde ich auf Voraussetzungen für die Einführung der begleiteten Intervision als Teil der Personalentwicklung einer Einrichtung hinweisen und einen Sechs-Punkte-Plan vorstellen.

In Kapitel 2 geht es um die Arbeitsweise des Begleiters. Ein guter Begleiter gibt Unterstützung, ist Mentor/Coach/Lehrer, inspiriert und organisiert. Er versteht etwas von Erfahrungslernen, Gruppendynamik und Methoden. Kurzum, er ist ein verständiger Mensch mit beträchtlicher beruflicher Erfahrung und pädagogischem Gespür. Der Begleiter ist kein Gruppenleiter, er ist einfach auf unterstützende Weise anwesend.

In Kapitel 3 finden Sie die Vorlage für einen Intervisionsvertrag, Informationen über die Werbung von Klienten, einen Selbst-Intervisions-Test für die erste Sitzung, einen Vorschlag für den Aufbau eines dokumentierenden Tagebuchs und eine komplette Checkliste für die Evaluation des Verfahrens.

Im Kapitel 4 kommen wir zur Praxis des Intervisionsprozesses, und zwar anhand von drei Fallstudien. Ich beschreibe einen Zyklus von jeweils zehn Sitzungen, und zwar mit einer Gruppe von Berufsanfängern, mit einer Gruppe älterer Angestellter und mit einer Manager-Gruppe.

In Kapitel 5 stelle ich Ihnen eine große Zahl praktischer Übungen für Intervisionsgruppen vor.

Im Kapitel 6 gehe ich auf die vielen unterschiedlichen Formen von Intervision ein. Es werden verschiedene Trends im Umgang mit der Intervision beschrieben. Die eine Herangehensweise kann beispielsweise eher distanziert und zielgerichtet sein, eine andere mehr personen- oder themenbezogen. Auch Berührungspunkte der begleiteten Intervision mit anderen personenzentrierten Formen der Beratung, wie Coaching, Counseling und Supervision werde ich ansprechen.

Am Schluss stehen ein Kernmodell für begleitete Intervision und Anregungen für ihre Integration in die Organisationskultur einer Einrichtung.

Dieses Buch richtet sich vor allem an Mitarbeiter und Leitungskräfte aus den Bereichen Sozialwesen, Gesundheitswesen, betriebliche Sozialarbeit und Bildungswesen. Aber ebenso wie das erste Buch wird auch dieses, so hoffe ich, seinen Weg in kommerziell arbeitende Betriebe und in die betriebliche Ausbildung finden. Die Beispiele in diesem Buch kommen allerdings vorwiegend aus dem Bildungsbereich, da meine persönlichen Erfahrungen zum größten Teil aus diesem Bereich stammen.

Ich danke allen Kollegen, die – gefragt oder ungefragt – das Intervisionsprogramm kommentiert haben. Die Vielfalt der Mitteilungen hat mich doch überrascht. »Ich bin in eineinhalb Jahren an sieben Schulen gewesen«, erzählte beispielsweise ein junger Kollege, »und erst jetzt, mit Intervision, kann ich ein wenig Fuß fassen.«

Vielen Dank auch an Tjitske Hoekstra und Marijke van Oppen, die Intervisoren der Abteilung Gesundheitswesen am Regionalen Bildungszentrum der Niederlande. Über ein Jahr lang haben wir intensiv an Planung, Durchführung und Ergänzung des Modells begleitete Intervision gearbeitet. Ihre praktischen Erfahrungen waren dabei von unschätzbarem Wert, und – es mag klischeehaft klingen, ist aber darum nicht weniger wahr – ohne ihren Enthusiasmus und ihre Anregungen wäre dieses Buch nie zu Stande gekommen.

Besonders wertvoll waren auch meine Gespräche mit den Kollegen Els Bruning und Sonja de Vries, die vor allem meine Selbstkritik förderten. Ich danke auch Beatrijs van den Bos, die mit viel Sprachgefühl die Texte kommentiert hat.

Zitieren kann wichtig sein, wenn man von anderen etwas lernen will. Aber auch ein Lächeln kann beim Lernen helfen. Darum möchte ich diese Einleitung mit einigen Zeilen von Kees Fens aus einer seiner Kolumnen in der Zeitung *de Volkskrant* (Volkszeitung) abschließen.

> *»Ein Mädchen fragt in einer Buchhandlung errötend nach einer Einführung in die zwischenmenschliche Kommunikation. Sie hat aber sofort einen guten Kontakt zu dem Verkäufer, braucht so ein Buch also gar nicht. Der Verkäufer überlegt kurz und erklärt ihr dann, das Buch werde gerade nachbestellt. Das Mädchen schaut so enttäuscht, als hätte er ein Rendezvous mit ihr verschoben. Doch schon einen Monat später hasst sie das Buch.«*

Anmerkung der Übersetzer:
Im niederländischen Original werden überwiegend männliche Formen verwendet. Wir sind davon ausgegangen, dass diese Einseitigkeit lediglich der besseren Lesbarkeit des Textes dient und haben sie daher in der Übersetzung beibehalten.

1. Intervision und begleitete Intervision

»Eines Mittags – alle Patienten aus meiner Station waren zur Therapie gegangen – saß ich allein in dem schon dunkler werdenden Raum.
Lodewijk kam herein und sagte: »Ich dachte, dass ich hier vielleicht noch eine Tasse Tee bekommen könnte.«
»Ja, es ist noch welcher da«, antwortete ich.
Er setzte sich hin und ich sagte: »Ich hab ziemliche Schwierigkeiten mit Leo.«
Er rückte seine Brille zurecht, strich sich übers Haar.
»Weswegen?« fragte er.
»Er hat schon zwei Leuten ein Ohr abgebissen.«
»Ja«, sagte er, »wenn du nicht aufpasst, erwischt es deine Ohren demnächst auch noch.«
»Was soll ich denn dagegen tun? Er lauert auf jede Gelegenheit, mich zu umarmen. Und dann höre ich seinen Atem an meinem Ohr – es macht mir Gänsehaut.«
»Ja, eigentlich ist er ein ganz lieber Junge – zu schade, dass er ab und zu ein Stückchen Ohr abbeißt. Und das nicht erst neuerdings; damals, als er noch auf meiner Station war, hat er das auch schon gemacht.«
»Und was hast du dagegen getan?«

(Aus: Maarten 't Hart, Die Verteilung der Vögel)

1.1 Einleitung

Dieses Beispiel aus einer psychiatrischen Klinik könnte ein hervorragender Ausgangspunkt für ein Intervisionsgespräch sein. In der Intervisionsgruppe würde das Problem vermutlich etwas weniger dramatisch beschrieben. Dennoch, die Frage: »Was kann ich tun, um etwas zu verhindern oder zu verändern?«, ist ein normaler Ausgangspunkt für Intervisionsgespräche.

Im Arbeitsalltag werden solche und ähnliche Fragen sehr oft gestellt. Meistens finden derartige Gespräche im Aufenthaltsraum, auf den Gängen, in den Toiletten oder in den Arbeitsräumen statt. Die täglichen beruflichen Probleme werden selten strukturiert besprochen. Es fehlen die Methoden und es gibt kaum geschultes Personal, das bei konkreten Arbeitsproblemen beraten könnte. Zudem ist die Aufmerksamkeit für solche alltäglichen Belastungen abgestumpft. Intervision bietet die Möglichkeit, sich im Kollegenkreis zu beraten und Lösungen für alltägliche Arbeitsprobleme zu finden. Unter bestimmten Voraussetzungen ist Intervision im Arbeitszusammenhang gut anwendbar und kann, neben anderen Maßnahmen wie Team-Arbeit, Fachgesprächen, Fortbildung, Qualitätsentwicklung und dergleichen, eine lösungsorientierte Unterstützung anbieten.

Auch die begleitete Intervision baut auf den im Folgenden beschriebenen Grundregeln von Intervision auf. Die ursprüngliche Intervisionsmethode wurde also auf Grund von Experimenten und praktischer Erfahrungen ergänzt und ist jetzt besser für die praktische Anwendung im Bildungsbereich, im Sozial- und Gesundheitswesen und in der freien Wirtschaft geeignet.

In diesem Kapitel geht es zuerst um die Intervisionsmethode und wie man begleitete Intervision zu einem brauchbaren Instrument machen kann. Außerdem werde ich erklären, was Intervision zur Professionalisierung der Mitarbeiter und zur Entwicklung der Organisation beitragen kann. Es werden die Bedingungen der Begleitung dargestellt sowie die Voraussetzungen, die erfüllt werden müssen, um begleitete Intervision strukturell in eine Organisation einzufügen.

Das Kapitel endet mit einem Stufenplan zur Einführung bzw. Implementierung von begleiteter Intervision.

1.2 Was ist Intervision?

Über Intervision gibt es bisher kaum Veröffentlichungen. Die wenigen Quellen beschreiben Intervision als Methode, um systematisch Problemlösung durch analysierendes, reflektierendes Lernen zu erreichen. Oft wird Intervision zur Supervision in Beziehung gesetzt, wobei Intervision stärker die Lehr- und Lernprozesse betont. In den vergangenen Jahren ist daher in der Supervisionsszene ein zunehmend stärkeres Interesse an der inhaltlichen Entwicklung von Intervision entstanden. In anderen Bereichen, u.a. im Gesundheitswesen, wird Intervision oft mit kollegialer Beratung (Fachgespräche von Kollege zu Kollege) verglichen.

Der eigentliche Ursprung von Intervision ist aber in der japanischen Wirtschaft zu finden. Die Japaner entwickelten in der 50er-Jahren die Idee der so genannten Qualitätszirkel (»quality circle«): Kleine Gruppen von ca. zehn Mitarbeitern auf ungefähr gleichem Niveau treffen sich regelmäßig, um ihre Probleme bei der Arbeit zu besprechen und zu beheben. Diese Qualitätszirkel sollen zu Kostensenkungen, höherer Leistung und weniger Ausfällen durch Krankheit führen. Die Motivation zur Mitarbeit steigt, wenn die Teilnahme freiwillig ist.

Die Idee der Qualitätszirkel beruht auf einem einfachen Konzept: Es geht darum, miteinander über Verbesserungen am Arbeitsplatz zu sprechen. Die Ziele sind Effektivität und Effizienz; Engagement und Verantwortlichkeit bei der Arbeit. Qualitätszirkel wurden in den 60er-Jahren zuerst in den Vereinigten Staaten und dann auch in unserem Sprachgebiet eingeführt.
Über die japanische Effizienz gibt es eine berühmte Geschichte:

Eine amerikanische Firma bestellte in Japan 100000 hochwertige Relais. Die Amerikaner hatten eine Fehlerquote von nur 5% ausgehandelt, worauf sie ziemlich stolz waren. Zu ihrer enormen Verblüffung lieferte die japanische Fabrik 105000 Relais. Auf Nachfrage kam heraus, dass der Qualitätszirkel der Japaner beschlossen hatte, auf Grund der merkwürdigen Bestellung der Amerikaner zu den 100000 fehlerfreien Relais noch 5000 mit kleinen Fehlern zusätzlich zu liefern.

Sowohl bei Verfahren, die sich an der Supervision orientieren, als auch bei der Anwendung in der Wirtschaft liegt der Hauptschwerpunkt der Intervision auf der Unterstützung der Mitarbeiter bei beruflichen Problemen. Intervision bedeutet vor allem problem- und ergebnisorientierte Kommunikation mit Kollegen zur Optimierung der täglichen Arbeitsaufgaben.

Die folgende Beschreibung von Intervision gibt die Richtung an (Hendriksen 1999). Es geht dabei um die:

- gegenseitige Beratung bei beruflichen Problemen
- in einer Gruppe von Gleichrangigen
- die innerhalb einer gemeinsam festgelegten Struktur
- zielgerichtet
- Lösungen zu finden versuchen
- in einem autonomen, an Erfahrung orientierten Lernprozess.

Mit anderen Worten: Eine kleine Gruppe von Kollegen arbeitet gezielt an ihren Arbeitsproblemen. Der Lernprozess wird abwechselnd von einem der Gruppenmitglieder geleitet. Die Teilnehmer verwenden ihren gesunden Menschenverstand und ihre praktische Erfahrung, um sich gegenseitig zu beraten.

Intervision ist ein ungefähr ein bis zwei Stunden dauerndes Gespräch mit einem systematischen Ablauf. Es beginnt immer damit, dass am Anfang jedes Treffens ein Problem formuliert wird, mit dem Ziel, die berufliche Situation zu verbessern. Dem Mitarbeiter, der das Problem vorstellt, wird durch die verschiedenen Vorschläge seiner Kollegen die Entwicklung eigener Lösungsmöglichkeiten erleichtert. Mitarbeiter mit ähnlichen Erfahrungen können ihn unterstützen, ihm neue Wege aufzeigen, ihm »auf die Sprünge helfen«.

1.3 Phasen der Intervision

Die Einteilung in Phasen ist eine elementare Voraussetzung für das Intervisionsgespräch. Ihre Einhaltung soll durch den Gesprächsleiter überwacht werden. Im Folgenden stelle ich die von mir entwickelten Phasen vor.

Phase 1: Bestandsaufnahme (15 Minuten)

Der Gesprächsleiter bittet alle Teilnehmer, ein berufliches Problem vorzubringen. Der Reihe nach stellt jeder in kurzen Worten sein Problem vor.

Phase 2: Auswahl (15 Minuten)

Die Teilnehmer müssen sich für eines dieser Probleme entscheiden. Oft wird schon bei der Vorstellung der verschiedenen Probleme erkennbar, welches das wichtigste ist. Das kann z.B. durch die Emotionalität, mit der ein Problem vorgebracht wird, deutlich werden. Sie bestimmen, welches Problem sie am meisten bewegt.

Phase 3: Analyse (60 Minuten)

Das Problem wird besprochen. Je nach Bedürfnis und Erfahrung kann die Gruppe entscheiden, ob sie dies einfach in Form eines Gesprächs tun will oder als Rollenspiel oder mit Hilfe strukturierter Methoden wie z.B. der Stärken-Schwächen-Analyse oder einer Profilbeschreibung. Es ist wichtig, das Problem in dieser Phase zu analysieren und nicht zu interpretieren. Ratschläge sollen erst zum Schluss eingebracht werden.

Phase 4: Das Problem verallgemeinern (45 Minuten, fakultativ)

Jedes Gruppenmitglied kann sich von einem individuellen Problem auf die eine oder andere Weise selbst betroffen fühlen. Damit wird es zu einem allgemeinen Problem und kann auf Gruppenebene bearbeitet werden. Ein Beispiel: Die Kommunikationsschwierigkeiten, die ein Gruppenmitglied mit einem Vorgesetzten hat, kann die Gruppe innerhalb der Themen »Wie gehen wir mit Macht um« oder »Wie gehen wir mit unseren Unsicherheiten um« behandeln. Das verstärkt das Engagement der ganzen Gruppe.

Phase 5: Evaluation (10 Minuten)

In der Evaluationsphase wird nachgeprüft, was derjenige, der das Problem eingebracht hat (Intervisant), übernehmen kann. Welcher Lösungsvorschlag ist der geeignetste? Welche Ratschläge sind praktisch umsetzbar? Wie kann das Verhaltensrepertoire verändert werden? Was hat das Treffen für die gesamte Gruppe gebracht?

Die weitere Arbeit wird abgesprochen (z.B. wer das nächste Mal Gesprächsleiter sein wird).

1.4 Problemformulierung und Problemauswahl

Dieser letzte Abschnitt soll zeigen, wie sich das Intervisionsgespräch Schritt für Schritt entwickelt. Für einen guten Gesprächsbeginn ist es ungeheuer wichtig, das Problem klar und deutlich zu formulieren. Vor allem muss man lernen, sich zum eigentlichen Problem durchzufragen, das »Problem hinter dem Problem« zu suchen, die »heimliche Geschichte«, wie Zier (1983) es nennt. Es soll sich um ein aktuelles, ungelöstes Problem handeln: Ein Mitarbeiter, der ein Problem einbringt und bereits eine fix und fertige Lösung parat hat, behindert das kreative Denken in der Gruppe.

Ein weiterer wichtiger Punkt ist die präzise Darstellung des Problems. Jeder sollte versuchen, das Problem so kurz und sachlich wie möglich zu formulieren, in maximal fünf Sätzen. Am Anfang misslingt das oft, weil die Teilnehmer etwas loswerden müssen und auf ihr Problem aufmerksam machen wollen. Es kann zur Verdeutlichung beitragen, wenn man das Problem visualisiert.

Die Auswahl des Problems ist wichtig. Die Gruppe kann sich für das interessanteste Problem entscheiden, oder aber für eines, das dringlich erscheint. Die Gruppe kann aber auch alle Probleme kurz Revue passieren lassen und nur ein einziges vertiefen. Emotionale Gründe und vordringliche Probleme werden die Auswahl zwangsläufig mit beeinflussen. Der Intervisor sollte im Auge behalten, dass alle Teilnehmer mit ihren Problemen an die Reihe kommen sollen.

Die Intervisionsgruppe sollte das zu bearbeitende Problem stets sehr bewusst wählen.

Als Intervisor sollte man einer typischen Falle ausweichen, die von der Teilnehmerin einer Intervisionsgruppe mal so beschrieben wurde: »Wenn es darum geht, über meine beruflichen Probleme zu sprechen, habe ich bei mir ein ganz typisches Verhaltensmuster festgestellt. Ich neige dazu, die Probleme der anderen viel wichtiger zu finden als meine eigenen; meine Probleme sind längst nicht so dringend. Ich habe Schwierigkeiten damit, Zeit für mich selbst zu beanspruchen; vielleicht ist mir die viele Aufmerksamkeit auch einfach unangenehm. Oder ist es eine typisch weibliche Eigenschaft, lieber anderen helfen zu wollen, anstatt Aufmerksamkeit für sich selbst zu fordern? Ich sollte mal in der Gruppe darüber sprechen.«

1.5 Hier und jetzt

In der Intervisionsgruppe werden berufliche Probleme vom Arbeitsplatz in die relative Intimität einer Gruppensituation transportiert. Ein allgemeines Problem rückt auf diese Weise plötzlich sehr nahe. Da die Teilnehmer einer Intervisionsgruppe einander meist gut kennen(-lernen), ist das Engagement für die Lösung individueller Probleme sehr groß. Jeder will helfen. Wenn in einer späteren Phase der Intervision das individuelle Problem zum Gruppenthema wird, verlagert sich der Schwerpunkt – jedes Gruppenmitglied wird zugleich Hilfesuchender und Helfer. So wird das Gleichgewicht in der Gruppe wiederhergestellt, weil alle ihre eigenen Anteile an diesem Problem entdecken. Durch diese Verbindung der Bearbeitung eines individuellen Problems mit der Thematisierung als gemeinsames Problems wird die Intervision vertieft.

1.6 Vorteile von Intervision

Ganz allgemein kann man sagen, dass Intervision zur professionellen Motivation der Teilnehmer beiträgt und ihre berufliche Entwicklung unterstützt. Die »Kommission Zukunft der Schule« (Commissie Toekomst Leraarschap) (1993) beispielsweise nennt Intervision »ein wichtiges Instrument, das in der Lage ist, die isolierte Position vieler Lehrender zu durchbrechen«.

Zusammenfassend sind als wichtige Effekte der Intervision festzuhalten:

- man lernt seine Kollegen kennen und lernt ihnen zu vertrauen, man redet miteinander und hört einander zu;
- man lernt aus der Erfahrung und der Kreativität der anderen;
- man findet kollegiale Unterstützung bei beruflichen Problemen, auch außerhalb der Intervisionsgruppensitzungen;
- man erkennt seine eigenen Stärken und Schwächen, man übt ein auf Veränderung zielendes Verhaltensrepertoire;
- man lernt sich selbst besser kennen, was z.B. in fachlichen Gesprächen hilfreich sein kann.

1.7 Das Modell der begleiteten Intervision

Bisher habe ich hauptsächlich Vorzüge der Intervision dargestellt. In der starren Praxis einer durchschnittlichen Organisation gibt es aber auch Schattenseiten der Intervision:

- Solange Intervision nicht fest in eine Organisation eingebunden ist, stehen meist weder ausreichend Zeit noch finanzielle Mittel zur Verfügung.
- Eine kontinuierliche Intervision steht und fällt dann mit der Eigeninitiative und dem guten Willen der Beteiligten.
- Es kann passieren, dass in einer Gruppe nicht genügend Struktur und Anleitung gewährleistet werden kann, um zu positiven Resultaten zu kommen.

Unter diesen Bedingungen wird Intervision mühsam oder funktioniert gar nicht. Hier ist die begleitete Intervision ein denkbarer Ausweg. In der Zeitschrift »Supervision und Berufsausbildung« (Supervisie in opleiding en beroep) (1993) haben Jagt und Rombout in einem Untersuchungsbericht auf die wachsende Zahl begleiteter Intervisionen im Rahmen der Referendarausbildung von Lehrern hingewiesen. Im Gesundheitswesen und in Betrieben gibt es ähnliche Entwicklungen. Beispielsweise hat Trix Broekmans in der Zeitschrift »Elan« (1994) begleitete Intervision im Management der Rabo-Bank beschrieben.

Die begleitete Intervision setzt voraus:

- den beteiligten Mitarbeitern wird für die Intervision Zeit zur Verfügung gestellt, beispielsweise in den Arbeitsplatzbeschreibungen oder in den Jahresplanungen;
- die Teilnahme an der Intervision wird im Rahmen einer aktivierenden Personalentwicklung vertraglich geregelt ;
- eine adäquate Anleitung/Unterstützung des Intervisionsprozesses wird durch Fachpersonal sichergestellt.

Die dritte Voraussetzung für die Einführung der begleiteten Intervision scheint der bisher verwendeten Definition von Intervision teilweise zu widersprechen. Daher ist die Frage berechtigt, ob es bei der begleiteten Intervision noch um Intervision geht oder nicht vielmehr um Supervision.

Um diese Frage zu klären, sind im unten abgebildeten Schema zunächst die Unterschiede zwischen Intervision (ohne Begleitung) und Supervision aufgelistet.

Tabelle 1: Unterschiede zwischen Intervision und Supervision

Intervision	Supervision
immer in der Gruppe (max. 10 Personen)	Einzelarbeit oder Zweiergruppen (auch Gruppen)
Aufgabenbezogen	Personenbezogen
Teilnehmer sind gleichrangig (ohne Leitung)	Teilnehmer sind gleichwertig, aber nicht gleichrangig – der Supervisor ist der Gruppenleiter
Wechselnde Gesprächsleitung	Feste Rollenverteilung zwischen Supervisor und Supervisanden
Niedrigschwellig	Höhere Schwelle
Kostengünstig	Teuer
Auf freiwilliger Basis	Verpflichtender Teil von Ausbildungen oder Berufen
Eigeninitiative	Teil der Berufstätigkeit oder Ausbildung
Keine Verpflichtung	Vertrag und Bewertung

Das Schema zeigt die Überschneidungen zwischen Intervision und Supervision, aus denen die begleitete Intervision entstanden ist.

Begleitete Intervision hat eine Position zwischen ursprünglicher Intervision und Supervision, da sie einerseits – wie die Intervision – niedrigschwellig und aufgaben- sowie gruppenbezogen arbeitet, andererseits aber fachkundige Begleitung und Verbindlichkeit der Teilnahme erfordert wie die Supervision.

1.8 Voraussetzungen für die Einführung der begleiteten Intervision

Sobald man einen professionellen Begleiter einsetzt, ist das ein Eingriff in die Selbststeuerung der Intervisionsgruppe. Das macht die begleitete Intervision weniger niederschwellig, weniger freiwillig und teurer, aber auch verbindlicher als die normale, unbegleitete Intervision. Begleitete Intervision ist auf diese Weise aber leichter in eine Organisation zu integrieren.

Um die begleitete Intervision in einer Organisation sachgerecht zu implementieren, müssen die Begleiter und das Management gewisse Voraussetzungen gewährleisten.

Voraussetzungen, die ein Begleiter mitbringen muss

Der Begleiter muss kein Fortbildungsexperte sein, sollte aber pädagogische Fähigkeiten und Kenntnisse besitzen. Kernfähigkeiten sind dabei die bei Rogers genannten Qualitäten: Empathie (Einfühlungsvermögen) und Authentizität. Außerdem sollte der Begleiter über Erfahrung auf dem Gebiet der prozess- und produktorientierten Moderation verfügen sowie über Kenntnisse gruppendynamischer Prozesse.
Im Einzelnen braucht der Begleiter die folgenden Fähigkeiten:

- *Der Begleiter sollte ausreichend berufliche Erfahrungen (im jeweiligen Arbeitsgebiet) besitzen*
  Die beruflichen Probleme der Gruppe sollten dem Begleiter bekannt sein, am besten aus eigenem Erleben. Er muss aber auch genügend Abstand halten können und die Fähigkeit zur Relati-

vierung besitzen. Ein Begleiter, der selbst bereits ähnliche Probleme lösen musste, kann sich besser in die Erfahrungswelt der Intervisanten einfühlen.

- *Der Begleiter braucht Erfahrungen in der Leitung von Gruppen*
  Ideal wäre eine Kombination von sozialen Fähigkeiten und beruflichen Erfahrungen. Bei der Wahl eines Begleiters geht es nicht so sehr um Diplome, wir suchen vielmehr Personen, die Begleiterqualitäten bereits mitbringen. Es sollten auch Fortbildungsmöglichkeiten für Intervisoren genutzt werden.

- *Der Begleiter sollte mit der Organisation vertraut sein*
  Berufliche Probleme sind zwar häufig in der unmittelbaren Arbeitssituation zu finden; oft liegen sie aber auch im Bereich der Organisation (Strukturen, Hierarchie und Macht, Personalpolitik usw.). Der Begleiter sollte sich hier gut auskennen, um genau zu wissen, wovon die Intervisanten sprechen, wenn Probleme und mögliche Problemlösungen angesprochen werden.
  Es kann nicht Aufgabe des Begleiters sein, die ihm mitgeteilten Probleme an die Direktion, den Personalrat oder Betriebsrat weiterzuleiten, da dies dem Vertrauensverhältnis zur Gruppe sehr abträglich wäre. Die Gruppe muss sich auf die Verschwiegenheit des Begleiters verlassen können.

- Der Begleiter hat keine Funktion in der Organisationshierarchie
  Gesetzt den Fall, der Begleiter gehörte zum Management, so wäre eine vertrauensvolle Zusammenarbeit mit der Gruppe kaum denkbar. Der Begleiter wäre stets hin- und hergerissen in seiner Doppelfunktion (vertrete ich jetzt die Interessen der Intervisanten oder die der Leitung?). Wahrscheinlich bliebe die Gruppe vorsichtshalber auf Distanz, um mögliche Nachteile zu vermeiden. Die Teilnehmer gingen nicht aus sich heraus, wären vorsichtig, achteten auf die Bewahrung ihrer »weißen Weste«. Es entstünde eine spannungsgeladene Situation, die leicht zu Konflikten führen könnte.

- *Die Begleitung hat eine unterstützende Aufgabe*
  Der Begleiter soll den Lernprozess unterstützen, das Hauptaugenmerk liegt dabei auf der Eigenverantwortlichkeit und Selbst-

organisation der Teilnehmer; Ziel der Begleitung sollte es sein, sich durch zurückhaltende Unterstützung entbehrlich zu machen.

Voraussetzungen für die Einführung der Intervision in einer Organisation

- *Ein Konzept entwickeln*
  Das Management legt im Rahmen des Unternehmenskonzepts auch die Bedingungen für die begleitete Intervision fest.
  Vor allem die Frage von Verbindlichkeit und Freiwilligkeit, die finanziellen und zeitlichen Möglichkeiten, das Verhältnis zur Personalentwicklung der Organisation, insbesondere zur Fachberatung, sollten geklärt werden. Die beteiligten Mitarbeiter schließen gleichsam einen Vertrag mit der Organisation.
- *Begleitete Intervision wird Teil der Arbeitsplatzbeschreibung*
  In der Arbeitsplatzbeschreibung des betreffenden Mitarbeiters wird festgelegt, dass er innerhalb seiner Arbeitszeit an der Intervisionsgruppe teilnimmt. In den meisten Fällen geht es um zehnmal zwei Stunden plus Vorbereitung und Hausaufgaben (insgesamt 30 bis 40 Stunden). Oft kann diese Aufgabe in der Jahresplanung berücksichtigt werden.
- *Ausstattung des Begleiters*
  Dem Begleiter müssen die notwendigen Stundenentlastungen und die zur Leitung einer Intervisionsgruppe notwendigen Fortbildungen zugebilligt werden. Für die Betreuung von zehn Gruppensitzungen benötigt man durchschnittlich 40 Stunden. Die Treffen sollten vierzehntäglich zu einem festen Termin stattfinden. Die Intervision dauert also ungefähr ein halbes Jahr.
- *Regelung der Finanzierung*
  Die begleitete Intervision kann aus dem regulären (Fort-)Bildungsbudget der jeweiligen Einrichtung finanziert werden. Die Kosten für eine solche interne Weiterbildungsmaßnahme sind relativ gering. Es geht um ca. 40 Stunden für den Begleiter und 40 Stunden für jeden Teilnehmer.

- *Die begleitete Intervision wird ein integraler Teil der Personalentwicklung*
  Besonders schwierige Probleme aus der Intervision müssen gelegentlich vertieft bearbeitet werden, beispielsweise durch Fortbildungen oder Schulungen. Für die Weiterbearbeitung individueller Problemen sind oft Leitungsberatung, Coaching oder Supervision notwendig. Manchmal kann der Intervisor diese Aufgabe selbst übernehmen. In anderen Fällen sucht man außerhalb der Einrichtung nach fachkundiger Hilfe. In jedem Fall sollte das Management Zeit- und Geld-Ressourcen für solche Aufgaben vorhalten.

Wichtig ist auch die Klärung der Beziehung zwischen begleiteter Intervision und der Fachberatung.

Angesichts des gleichberechtigten und vertraulichen Charakters der begleiteten Intervision darf es keine formalisierten Zusammenhänge mit der hierarchisch geprägten Fachberatung geben. In der begleiteten Intervision können aber Personalgespräche oder Fachberatungen vorbereitet werden. Die Begleitete Intervision zielt in jedem Fall darauf ab, die Situation und die Verhaltensmöglichkeiten der Mitarbeiter am Arbeitsplatz zu verbessern. Jeder Mitarbeiter sollte in der begleiteten Intervision über seine Stärken, Schwächen und Fortschritte sprechen können.

1.9 Widerstände und unterstützende Faktoren

In Organisationen, in denen regelmäßig Fachberatung stattfindet, gibt es meist auch eine positive Haltung zur begleiteten Intervision. Aus der Fachberatung entsteht nämlich häufig der Wunsch nach einer intensiveren Besprechung einzelner Probleme, und von da aus ist es nur ein kleiner Schritt zur begleiteten Intervision. In Personalgesprächen oder in der Fachberatung äußern neue Mitarbeiter häufig, dass die normale Einarbeitung sehr enttäuschend sei. Auch die Einarbeitung neuer Mitarbeiter sollte daher mit der begleiteten Intervision gekoppelt werden.

Eine Variante der begleiteten Intervision finden wir in dem Lehrerhandbuch »Guck in die Klasse« (niederländisch.: Kijk in de Klas, Miedema 1993). Der Autor stellt eine Verbindung zwischen Unterrichts-Hospitationen und Intervision her. Die Intervision ist auf das Thema Unterrichtsprozess beschränkt und nur zwei Kollegen nehmen daran teil. Diese Duo-Variante der Intervision könnte durchaus in die Praxisberatung für angehende Lehrer integriert werden. Auch für Lehrer, die schon seit zehn Jahren im Dienst sind, wie in anderen sozialen Arbeitssituationen könnte die Duo-Intervision fruchtbar und anwendbar sein.

Diese Duo-Variante hat übrigens viel Ähnlichkeit mit dem Coaching, so wie es in der Literatur als gezielte Unterstützung professionellen Arbeitens (Whitmore 1995) beschrieben wird. Ich werde in Kapitel 2.5 noch einmal darauf zurückkommen.

Die Widerstände gegen begleitete Intervision sind also dieselben wie die gegen die Einführung von Fachberatung. »Muss das denn sein, so etwas haben wir doch bisher auch nicht gebraucht, wir sind doch kein Industriebetrieb.« Gegen diese Argumente ist vielleicht die Strategie von Gewerkschaften und Behörden, die Fachberatung im Rahmen von Tarifverträgen verbindlich vorzuschreiben, sinnvoll.

Für die Einarbeitung von Berufsanfängern setzen wir als selbstverständlich voraus, dass eine professionell arbeitende Organisation auch über ein gut funktionierendes Einarbeitungssystem mit Mentoren, Intervisoren, Supervisoren verfügt.

Der hilfreiche Charakter von Intervision ist auch an den Qualitätszirkeln erkennbar, die zunächst in der japanischen Wirtschaft als Teil des Total Quality Managements entstanden sind. Nicht umsonst ist TQM immer häufiger das Zauberwort in der europäischen Wirtschaft. In dem erwähnten Artikel über die Rabo-Bank wurden die Verbindungen zwischen Intervision und der Funktion von Qualitätszirkeln deutlich.

Ein gutes Produkt verkauft sich dann, wenn es Vorteile verspricht und Qualität nachweisen kann. Daher sollen einige der positiven Aspekte begleiteter Intervision knapp zusammengefasst werden:

Begleitete Intervision
- ist niedrigschwellig und
- relativ kostengünstig;
- geschulte Begleiter sind oft schon vorhanden;
- kann in die Personalentwicklung integriert werden:
- ist eine gute Vorbereitung auf Fachberatung;
- fördert das Lernen »on the job«;
- entspricht den Bedürfnissen der Mitarbeiter und
- ist aufgaben- und lösungsorientiert.

Viele Aussagen von Teilnehmern bestätigen diese positiven Einschätzungen der begleiteten Intervision. Einige der Feedbacks aus Intervisionsgruppen des Autors:
- Ich habe bei den Intervisions-Treffen viel gelernt.
- Ich habe gelernt, meine eigenen (Un-)fähigkeiten zu erkennen.
- Das Gelernte ist praktisch anwendbar.
- Die Unterstützung der Kollegen motiviert und stimuliert.
- In einer vertrauten Atmosphäre kann man schwierige Probleme leichter besprechen.
- Es war richtig harte Arbeit, aber es hat auch viel gebracht,
- Ich habe gelernt zuzuhören und die richtigen Fragen zu stellen,
- Ich fühle mich nicht mehr wie auf einer Insel.

1.10 Ein Stufenplan zur Einführung der begleiteten Intervision

Stufe 1: Sich einen Überblick verschaffen und eine Strategie entwickeln

Suchen Sie innerhalb der Organisation Unterstützung für die Einführung der begleiteten Intervision. Die begleitete Intervision sollte nichts Außergewöhnliches sein, sondern in eine gut strukturierte Praxisberatung (neuer) Mitarbeiter eingebunden werden. Gewinnen Sie dafür einflussreiche Schlüsselpersonen in der Organisation – Angehörige der Direktion/Geschäftsleitung, leitende Mitarbeiter, Mitglieder des Betriebsrates. Unbedingt sollte man versuchen, jemand aus der Personalabteilung für die Idee zu begeistern. Eine

Überzeugungshilfe kann sein, dass begleitete Intervision kostengünstig und gut integrierbar in die vorhandenen Strukturen ist.

Stufe 2: Organisation

Sobald es gelungen ist, innerhalb der Organisation Schlüsselpersonen für die begleitete Intervision zu gewinnen, müssen konkrete Entscheidungen vorbereitet werden. Es kann z.B. ein Konzept ausgearbeitet werden, das dem Management und dem Betriebsrat zur Entscheidung vorgelegt wird. Verwenden Sie dabei Vorschläge aus diesem Buch. Ein gutes Argument ist, dass die begleitete Intervision aufgaben- und lösungsorientiert arbeitet und zur Personalentwicklung beiträgt. Sammeln Sie Informationen über Bedarf, mögliche Begleiter und Zeitinvestition und klären Sie, wer der Hauptverantwortliche für die begleitete Intervision werden könnte.

Stufe 3: Planung des praktischen Vorgehens

Wenn die Entscheidung für begleitete Intervision gefallen und die Finanzierung geregelt ist, muss ein Aktionsplan für die Einführungsphase erarbeitet werden.
Intervisoren müssen benannt werden und den Mitarbeitern muss das Vorgehen der begleiteten Intervision vermittelt werden, damit sie das neue Verfahren auch akzeptieren.

Stufe 4: Pilotphase

Dann wird ein Pilotprojekt gestartet. Das bedeutet, es wird eine Intervisions-Testphase mit einer Gruppe von (neuen) Mitarbeitern durchgeführt. Das Projekt wird ausgewertet und die Ergebnisse werden in der Organisation kommuniziert. Nachdem das Projekt vorgestellt wurde und nach einer formellen Entscheidung kann eine zweite Gruppe starten.

Stufe 5: Implementierung

Nach einjähriger Erprobung des Projekts wird es in die Organisation übernommen. Es soll so umgesetzt werden, dass jeder Interessierte die Chance hat teilzunehmen. Die begleitete Intervision kann durch individuelle Beratung oder Counseling/Supervision ergänzt werden. Auch Varianten der begleiteten Intervision – Duo-Intervision bzw. Coaching – könnten eingesetzt werden.

Stufe 6: Evaluation und Normalsituation

Die Überprüfung des Projektes begleitete Intervision muss einerseits die Personalentwicklung der Organisation und andererseits die fachspezifische Praxisberatung berücksichtigen. In dieser Phase ist es zudem wichtig, die Qualität der Intervisionsarbeit langfristig zu sichern.

1.11 Perspektiven der begleiteten Intervision

Jede Organisation, die Qualität anbieten will, braucht eine integrierte Form der Qualitätsentwicklung. Qualitätsentwicklung umfasst das gesamte Angebot, das den Kunden präsentiert wird. Wichtige Elemente sind dabei z.B.: die Qualität des Managements, des Personals und der Produkte sowie die strukturelle Qualität (technische und soziale Ausstattung). Für die Qualitätsentwicklung hat eine qualitativ gute Personalentwicklung einen hohen Stellenwert. Man braucht dazu gut geschulte, vielseitig einsetzbare, flexible Mitarbeiter, für die Angebote zur Beratung, Unterstützung und Weiterbildung vorhanden sein müssen. In einem solchen Gesamtkonzept zur Personalentwicklung hat auch Intervision ihren Platz.

Natürlich umfasst ein solches Beratungs- und Fortbildungssystem weit mehr Aspekte als nur (begleitete) Intervision. Im angelsächsischen Bildungssystem beispielsweise werden angehende Lehrer vier Jahre lang durch einen Mentor, durch Gruppengespräche (ähnlich der Intervision), durch Unterrichtsbesuche (Coaching), individuelle Beratung (Counseling) und Fortbildung (allgemeiner und fachlicher Art) begleitet. In jährlichen Fachberatungen werden die Fortschritte kontrolliert, um den Ausbildungsplan ergänzen zu können. Auf dieses Modell werde ich im Kapitel 6.4 zurückkommen.

In einem solchen Rahmen kann begleitete Intervision eine gute Ergänzung der Personalentwicklung einer Organisation sein und die Professionalisierung der Mitarbeiter fördern. Mit begleiteter Intervision können viele praktische Fragen und Bedürfnisse, Spannungen und blinde Flecken der alltäglichen Arbeit bearbeitet werden.

1.12 Zusammenfassung

In diesem Kapitel habe ich die Intervision mit einem erfahrenen, fachkundigen Begleiter vorgestellt.

Begleitete Intervision ist niedrigschwellig und kann unter bestimmten Voraussetzungen in jede Organisationen integriert werden. Begleitete Intervision unterstützt die Fortbildung, die Personalentwicklung und die langfristigen Ziele des Managements.

Die Bemühungen des Begleiters richten sich vor allem darauf, dass die Gruppe so viel wie möglich selbst einbringt und den Lernprozess in der Intervision selbst steuert.

Sofern die begleitete Intervision in eine Organisation gut integriert ist, ist sie eine strategische Unterstützung der Entwicklung personeller Ressourcen und Qualität.

2. Begleitung einer Intervisionsgruppe

»Du scheinst mir nicht zu wissen, dass jeder, der mit Sokrates in nahe Berührung kommt und sich mit ihm ins Gespräch einlässt, zwangsläufig, wenn er auch zuerst die Unterredung über etwas ganz anderes begonnen hat, von ihm unaufhörlich im Gespräch herumgeführt wird, bis er nicht mehr umhin kann, über sich selbst Rechenschaft zu geben, auf welche Weise er jetzt lebt und auf welche er sein bisheriges Leben zugebracht hat; und dass ihn dann, wenn er dahin geraten ist, Sokrates nicht eher loslassen wird, als bis er das alles gut und trefflich geprüft hat. …
Ich habe nämlich meine Freude daran, mit dem Manne zu verkehren, und meine, dass es kein Unglück ist, daran erinnert zu werden, worin wir nicht richtig gehandelt haben oder noch handeln, dass vielmehr notwendigerweise jeder in seinem weiteren Leben größere Vorsicht walten lassen wird, der dem nicht aus dem Wege geht, sondern bereit und willens ist zu lernen, solange er lebt, und nicht wähnt, das Alter käme an sich schon mit Verstand heran.«

(Aus: Platon, Laches, Stuttgart, Reclam 1975, S. 31)

2.1 Einleitung

Sokrates als Lehrer, als Anleiter, vielleicht als Sozialarbeiter. Wie auch immer, Sokrates war ein Mann des Dialogs, des Gesprächs, des kreativen Denkens. Er forderte seine Gesprächspartner heraus, hörte ihnen zu und analysierte. Das machte ihn zu einem Begleiter, wie er im Buche steht.

Ähnlich sehen wir die heutige Position eines Begleiters in der begleiteten Intervision. Der Intervisor, seine Einstellung und seine

Arbeitsweise sind im Intervisionsprozess von besonderer Bedeutung.

Auf zwei Dinge kommt es bei der Begleitung von Intervision besonders an: Zunächst geht es darum, dass die Gruppenmitglieder möglichst selbstständig arbeiten. Und als weitere Voraussetzung ist eine möglichst große Zurückhaltung des Intervisors notwendig. Er muss an seiner eigenen Entbehrlichkeit arbeiten. Nach einigen Treffen ist eine Gruppe oft in der Lage, selbstständig weiterzuarbeiten. Diese beiden Voraussetzungen für begleitete Intervision mögen selbstverständlich erscheinen, sind aber in die Praxis nicht immer ganz einfach umzusetzen. Mancher Intervisor hat die Tendenz, die Gruppe zu sehr nach seinen eigenen Vorstellungen zu leiten; andere finden den Gruppenprozess so fesselnd, dass sie sich nicht daraus zurückziehen wollen, und manch einer hat vielleicht ein allzu ausgeprägtes Bedürfnis zu helfen. Auch die Gruppe selbst hat möglicherweise den Wunsch nach sehr viel Struktur und Führung, sodass die Gruppenmitglieder sich nur zu gerne auf den klugen, weisen Intervisor verlassen, der immer weiß, was zu tun ist. Auch dann, wenn Unsicherheit und gegenseitiges Misstrauen den Gruppenprozess behindern, sucht man oft Beistand beim Begleiter.

In diesem Kapitel werde ich die Arbeitsweise des Intervisors genauer unter die Lupe nehmen. Ich werde das »Lernen in der Gruppe« sowie die einzelnen Phasen des Gruppenprozesses kurz skizzieren und anschließend einige charakteristische Methoden und Arbeitsweisen beschreiben.

2.2 Wichtige Punkte im Lernprozess

Bei der Intervision lernt in der Gruppe einer vom anderen. Das erfordert von den Gruppenmitgliedern ein großes Maß an Unabhängigkeit und Selbstständigkeit. Jeder Teilnehmer ist zwar autonom, dennoch bestehen viele gegenseitige Verbindungen und Abhängigkeiten (Interdependenz). Autonomie und Interdependenz erfordern ein großes Maß an gegenseitigem Respekt. Wenn diese Voraussetzungen gegeben sind, entsteht ein Klima, das innerhalb festgelegter Grenzen freie Entscheidungen erlaubt. Diese Freiheit ermöglicht dann »Lebendiges Lernen« (Cohn 1999).

Indem die Gruppe das Gefühl von Autonomie, Verbundenheit, Respekt und Freiheit entwickelt, kommt Dynamik in den Lernprozess, können Menschen persönliche Erfahrungen austauschen, sich füreinander öffnen und sich zuhören, kurz gesagt: voneinander lernen. Alle Vorschläge zur Lösung von beruflichen Problemen bekommen so Farbigkeit, Echtheit und vor allem Tiefe.

Die deutsch-amerikanische Psychoanalytikerin Ruth Cohn stellt ihre Idee des Lebendigen Lernens als ein Dreieck dar, das durch die drei Komponenten gebildet wird, die im Lernprozess im dynamischen Gleichgewicht stehen müssen: Die Person selbst (»ich«), die Gruppe (»wir«) und die Aufgabe (»es«). Der Kreis (»Umwelt«) um das Dreieck steht für die Einbettung in den sozialen Kontext (vgl. Abbildung 1).

Ein Beispiel: In der Intervision spricht zwar jeder Teilnehmer über seine individuelle beruflichen Situation , doch er gehört auch zu einer Organisation (wir), die gerade von der Sozialbehörde zu Einsparungen (es) gezwungen wird (Einfluss der sozialen Umwelt).

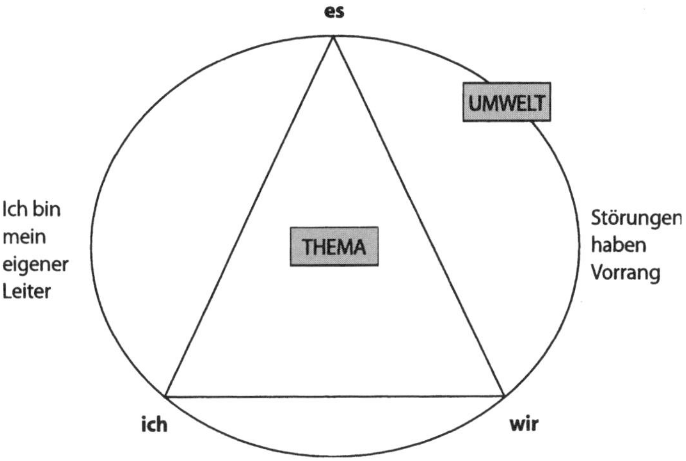

Abbildung 1: Gleichgewicht des Lebendigen Lernens (nach Cohn)

Im Gruppenlernprozess hat die Arbeit an »Widerständen« Vorrang vor der Arbeit an Inhalten. Widerstände können beispielsweise mit der häuslichen Situation eines Teilnehmers zusammenhängen, mit seinem körperlichen Befinden oder mit dem Verhalten anderer Gruppenmitglieder. Widerstände blockieren das Lernen. Cohn (1999) formuliert dies wie folgt:

> *»Störungen, Spannungen und intensive Gefühle haben Vorrang. Besonders dann, wenn Sie trotz besten Willens nicht in der Lage sind, dem Geschehen in der Gruppe zu folgen, wenn Sie sich langweilen, zerstreut sind oder einfach keine Lust haben, sagen Sie das bitte laut. Nur so können Sie das, was Sie beschäftigt, in den Griff bekommen. Und Sie helfen gleichzeitig der Gruppe, wieder in Kontakt mit Ihnen zu kommen.«*

Ich halte das für einen sehr positiven Umgang mit Problemen, die normalerweise den Gruppenprozess stören. So wird die Störung (für kurze oder auch etwas längere Zeit) zum Gegenstand des Lernprozesses.

Ein ebenso wichtiger Ansatz bei der Arbeit mit Intervisions-Gruppen ist es, aus der Autonomie jedes Teilnehmers die »individuelle Steuerung« zu entwickeln: jedes Gruppenmitglied ist für das, was es tut oder lässt, selbst verantwortlich. Noch einmal ein Zitat von Cohn (1999):

> *»Seien Sie ihr eigener Chef, übernehmen Sie die verantwortliche Steuerung Ihrer Person in der Gruppe. Sagen Sie etwas oder sagen Sie nichts, gerade wie es Ihnen selbst richtig oder wichtig zu sein scheint. Geben Sie den anderen, was Sie ihnen geben wollen und versuchen Sie, die für Sie wichtigen Aspekte des Themas aufzunehmen, zu erfassen. Betrachten Sie das Thema von Ihrem eigenen Standpunkt aus. Wenn Sie nicht beim Thema bleiben können, weil gerade anderes für Sie wichtig ist, sagen Sie es. Ich werde dasselbe tun.«*

Cohns zwei Grundgedanken über die vorrangige Bearbeitung von Störungen und die Entwicklung der eigenen Steuerung treffen meines Erachtens den Kern der Arbeit mit Gruppen in der begleiteten Intervision. Nur wenn jedes Gruppenmitglied ausreichend Raum bekommt, seine beruflichen Probleme anzusprechen und in der Gruppe offen und ehrlich zu diskutieren, kann wirklich aufgabenbezogen gearbeitet werden. Der Begleiter kann eine solche Situation fördern, wenn er mit seiner eigenen Funktion wie auch mit Störungen und Widerständen sehr bewusst umgeht.

Das wird vielleicht nicht gleich perfekt funktionieren. Zu Beginn der Arbeit wird der Schwerpunkt vor allem auf der Schaffung einer offenen, vertrauensvollen Atmosphäre liegen. Der Begleiter sollte aber auch von Anfang an auf ein dynamisches Gleichgewicht aller Gruppenaktivitäten achten.

2.3 Der Lernzyklus

Lernen durch Erfahrung (unter fachkundiger Begleitung) ist ein spannender Prozess. Das Konzept des Lebendigen Lernens oder der themenzentrierten Interaktion von Cohn ist dabei sehr gut anwendbar, aber auch beispielsweise die Lernphasentheorie von David A. Kolb. Sein »Experimental Learning Model« (1975), oft als »Erfahrungslernen« übersetzt, geht von einem integrierten Lernprozess aus, der beginnt mit:

- der Hier-und-Jetzt-Erfahrung, gefolgt von der
- Sammlung von Informationen/Daten und Beobachtungen über diese Erfahrung. Die Informationen werden dann
- analysiert und die Ergebnisse werden an die handelnden Personen zurückgekoppelt, um sie später für
- Verhaltensänderungen und die Gewinnung neuer Erfahrungen zu verwenden

(nach Henning 1981).

Kolb betrachtet diesen Lernprozess als zyklischen Ablauf (vgl. Abbildung 2), als Phasen des Lernens. Dieser Lernprozess kann sich auf einem höheren Niveau wiederholen.

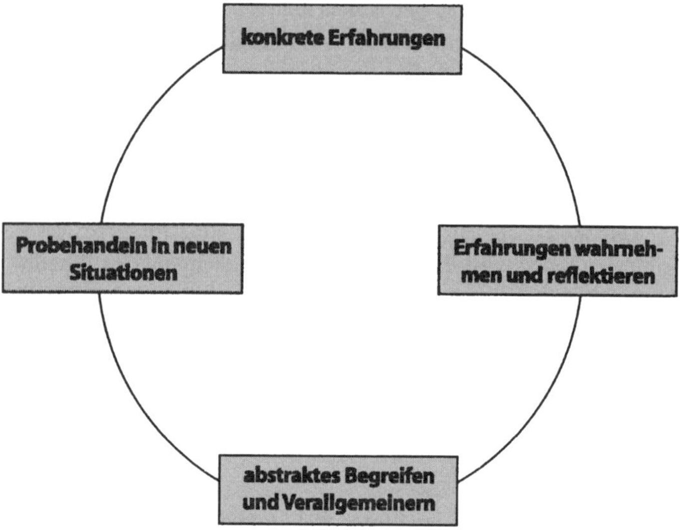

Abbildung 2: Das Modell experimentellen Lernens (Experimental Learning Model nach Kolb)

Diese Ideen führen zu einer Definition von Lernen, die sich an Oomkes (1992) orientiert. Dessen Lerndefinition kann gut auf die begleitete Intervision übertragen werden: »Sich verändern heißt, etwas über das eigenen Verhalten zu lernen. Die Veränderung alter Verhaltensweisen durch die Aneignung neuen Verhaltens, durch Ausprobieren, Übung und Feedback, hat zum Ziel, dass der Lernende den Anforderungen und Zielen seiner sozialen Umgebung besser entsprechen kann und/oder die soziale Umgebung besser seinen Bedürfnisse anpassen kann.« (Oomkes 1992)

Neues Verhalten auszuprobieren, ist auch für die erfahrungsorientierte begleitete Intervision wichtig. Dabei sollten die Lernbedingungen eine experimentierende Haltung stimulieren. Die Arbeit an der Selbstwahrnehmung und das Feedback der Gruppe tragen dann zum Lebendigen Lernen bei.

Oomkes unterscheidet sechs Schritte in verhaltensverändernden Lernprozessen: Konfrontation, Untersuchung der Problemsituation, Informationen sammeln, experimentierende Anwendung, Verhalten generalisieren und schließlich in die Person integrieren. Auch dies ist wiederum ein zyklischer Prozess, von der Wahrnehmung (der »Hier-und-Jetzt-Erfahrung« nach Kolb) zur Verhaltensänderung (vgl. Abbildung 3 auf S. 46).

Ähnliche Lernschritte zeigt auch die Methode des problemgesteuerten Unterrichts, die an der Universität von Maastricht entwickelt wurde und die an weiterführenden Schulen angewandt wird. Man nennt die Schritte dieser Methode den »Siebensprung«.

1. Schritt – Klären sie unklare Begriffe und Termini
Klären Sie die genaue Situation, objektiv und nüchtern. Das macht die Problemfrage/n verständlicher.

2. Schritt – Definieren Sie das Problem
Versuchen Sie, das Problem mit Ihren eigenen Worten zu definieren. Beantworten Sie die Frage: Was habe ich mit dem Problem zu tun?

3. Schritt – Analysieren Sie das Problem
Zwei wissen mehr als einer. Was denkt jedes einzelne Gruppenmitglied über das Problem? Welche weiteren Informationen gibt es? Verlassen Sie sich auf Ihren gesunden Verstand, Ihre Intuition, Ihre Assoziationsfähigkeit. Führen Sie ein Brainstorming durch.

4. Schritt – Machen Sie eine Liste der Ideen und Aussagen des dritten Schritts.

5. Schritt – Formulieren Sie Arbeitsziele; stellen Sie einen Arbeitsplan auf
Setzen Sie Prioritäten, verzetteln Sie ihre Aufmerksamkeit nicht. Sprechen Sie die Arbeitsverteilung ab und nehmen Sie alles in einen Plan auf.

6. Schritt –Sammeln Sie zusätzliche Informationen
Sammeln Sie auch außerhalb der Lerngruppe Informationen. Beschränken Sie sich nicht auf Literatur, sondern wenden Sie sich auch an Menschen mit Fachwissen und/oder -erfahrung, benutzen Sie audiovisuelle Programme, Datenbanken und ähnliches.

1) Konfrontation • Abgelehnt: Aktion stoppt • Akzeptiert: nächste/r Schritt/e	
2) Untersuchung der Problemsituation • Wünsche unrealistisch: Aktion stoppt oder 1. • Wünsche realistisch: nächste/r Schritt/e • Ursachendiagnose. Veränderung nicht möglich? Aktion stoppt oder zurück nach c) oder 1. • Veränderung möglich: nächste/r Schritt/e	
3) Sammeln von Informationen • Welche neuen Informationen, Einstellungen, Gefühle und Fähigkeiten werden benötigt? • Was kann die betreffende Person schon? • Wird er/sie tatsächlich etwas tun? Wenn nicht: Aktion stoppt oder zurück nach 1 oder 2. • Entscheidung über Veränderung: nächste/r Schritt/e	
4) Experimentieren • Ergebnisse sind entmutigend, widersprüchlich oder verwirrend: Aktion stoppt oder zurück nach 1, 2, 3 oder 4 • Ergebnisse sind ermutigend: nächste/r Schritt/e	
5) Anwendung • Weiter ausprobieren. Es funktioniert nicht: Aktion stoppt oder zurück nach 1, 2, 3, oder 4. • Ermutigende Ergebnisse: nächster Schritt	
6) Generalisieren • Das Verhalten wird generalisiert und individuell integriert. Ob es gelingt oder nicht – in jedem Fall sollten neue Konfrontationen folgen, sodass der Prozess sich wiederholt.	

Abbildung 3: Die sechs Schritte des Lernzyklus (nach Oomkes)

7. Schritt – Synthese

Bringen Sie alle Informationen zusammen. Versuchen Sie, zu Schlussfolgerungen zu kommen. Wenn noch Fragen offen bleiben, kann der Prozess etwas intensiver ab Schritt 2 wiederholt werden.

Lernen in einer Intervisionsgruppe ist »lebendig«, zyklisch und entwickelt sich schrittweise. Wie diese Form des Lernens mit der Entwicklung einer Lerngruppe zusammenhängt, beschreibt der folgende Abschnitt.

2.4 Phasen des Gruppenprozesses

Jede Gruppe ist einzigartig. Darum sollte man mit der Einteilung in Phasen, Arbeitsschritte, Schemata und Theorien vorsichtig umgehen. Dennoch scheinen sich bestimmte Verhaltensmuster häufiger zu wiederholen, und deshalb kann ein gewisses Maß an Struktur eine wichtige Unterstützung für die Begleitung von Gruppenprozessen sein.

Dabei ist das Verlaufsschema von Stanford (1980) sehr nützlich. Stanford spricht von einer Orientierungsphase, einer Regelungsphase, einer Konfliktphase, einer Produktivitätsphase und einer Abschlussphase. Das Kunststück besteht darin, die Produktivitätsphase so ausgedehnt wie möglich zu gestalten. Erst am Ende dieser Phase kann der Begleiter sich aus der Gruppe zurückziehen (eventuell zunächst nur vorübergehend). Alle anderen Phasen sind sowohl nützlich als auch notwendig, um konstruktives Verhalten zu

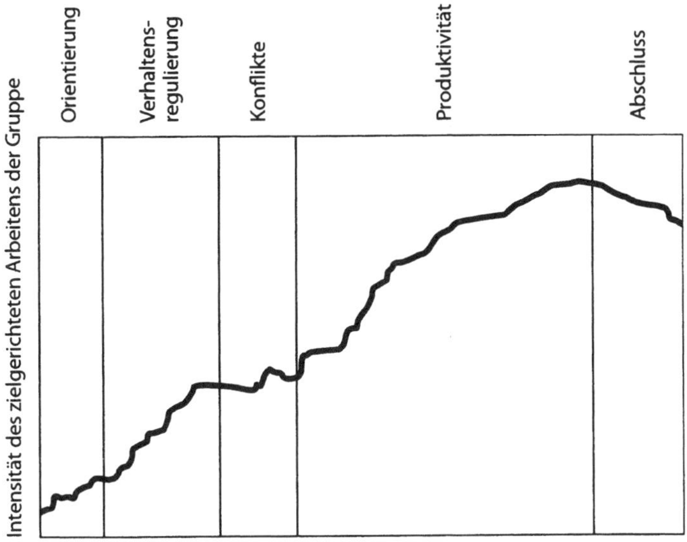

Abbildung 4: Phasen der Gruppenentwicklung (nach Stanford)

erlernen. Die Produktivität wird behindert, wenn die Gruppenmitglieder nicht rechtzeitig durch Zusammenstöße und Reibungen ihre Positionen in der Gruppe geklärt haben. Mit der Abbildung 4 (siehe S. 47) zeige ich das Schema der Phasen.

Wenn ein gemeinsames Ziel und ausreichend Motivation vorhanden sind, hat jede Gruppe Spaß am Lernen. Der Begleiter sollte daher Gesprächsthemen und Übungen auswählen, die Spaß machen. Auch ein klarer äußerer Rahmen (Erwartungen, »Hausaufgaben«, Zahl der Treffen, Zeitinvestition etc.) entspannt die Situation und verbessert die Motivation der Teilnehmer. Eine nicht zu starre Struktur und das sichere Gefühl, sich selbst einbringen zu können, vergrößern das Engagement der Teilnehmer.

In den folgenden Phasen werden die Definitionen von Stanford kurz zusammengefasst, die auch als Checkliste zu verwenden sind.

Phase 1: Orientierung

- Die Teilnehmer stellen sich Fragen wie: Wer sind die Anderen, was wird hier passieren, wie kann ich mich anpassen?
- In dieser Phase des Kennenlernens und des Äußerns gegenseitiger Erwartungen greift der Begleiter nur unterstützend und helfend ein.

Phase 2: Verhaltensregulierung

- Entwicklung von Gruppenverantwortlichkeit. Die Gruppe soll befähigt werden, selbst die Führung zu übernehmen, die Gruppenmitglieder lernen, sich füreinander verantwortlich zu fühlen.
- Auf die Anderen reagieren, die Interaktion verstärken; lernen, die Anderen wahrzunehmen und einander zuzuhören.
- Gruppenverhalten statt Konkurrenzverhalten fördern, sowie Verhaltensweisen, die zum Erreichen des gemeinsamen Ziels beitragen.
- Beschlussfassung per Konsens fördern; Entscheidungsprozesse üben; »künstliche« Konsensbildungen vermeiden.
- Probleme erkennen und lösen; Probleme nicht verleugnen, sondern analysieren und nach Lösungen suchen.

Phase 3: Konflikt

- Positive und negative Aspekte des Konflikts beleuchten;
- Auf Gefühle reagieren (»Sprechen Sie in der Ichform«);
- Das Vermitteln zwischen gegensätzlichen Positionen lernen.

Phase 4: Produktivität

- Aufgabenorientiertes und beziehungsorientiertes Arbeiten wechseln einander ab;
- Kreativität entfaltet sich.

Phase 5: Abschluss

- Lernen, einen Schlusspunkt zu setzen und Abschied zu nehmen;
- Lernen, den Prozess auszuwerten,
- Sich mit der Frage befassen, wie man die neu gewonnene Energie in anderen Situationen einsetzen kann.

In einer Gruppe, die neu beginnt, will zunächst jeder »dazugehören«. Man redet über dies und jenes, alles steht noch auf wackligen Füßen. Man ist auf der Suche. In der begleiteten Intervision ist es wichtig, gleich zu Anfang Klarheit herzustellen und aufgabenorientiert zu arbeiten. Die Teilnehmer sollen das Gefühl haben: »Ich kann aus der Gruppe etwas mitnehmen«, »Die Gruppe bringt mir was«. Die in die Gruppe (ein)gebrachten Probleme verlangen daher auch gute inhaltliche Vorschläge und Lösungen.

In der zweiten Phase, der »Verhaltensregulierung« kommt es darauf an, die Interaktion zu fördern, besonders die gegenseitige Wahrnehmung und das Aufeinander-Hören. Um einander richtig zu verstehen, lernen die Teilnehmer, »ich« zu sagen statt »du« oder »man«, wenn sie von sich selbst sprechen. Das ist eine der vielen Spielregeln, die für die Arbeitssituation des Begleiters hilfreich sind – besonders dann, wenn man noch wenig Routine hat.

Sich gegenseitig zu beraten fördert das Gruppengefühl auf besondere Weise. In der Konfliktphase werden Dinge auftauchen wie Widerstände, Irritationen, oder auch Projektionen, die vor allem auf den Begleiter gerichtet sind. Es ist gut, wenn solche akuten Probleme entweder sofort oder aber beim nächsten Treffen als Gruppenthema besprochen werden. Für Konflikte und Störungen sollte man sich genügend Zeit nehmen, weil sie sonst vom eigentlichen Ziel des Treffens ablenken. Ich verweise noch einmal auf Cohn, die dem Begleiter rät, immer auf das dynamische Gleichgewicht zwischen Individuum, Gruppe und Lernziel zu achten. Also nicht Emotionen um der Emotionen willen thematisieren, sondern als ein Teil des Lernprozesses.

Wenn die Teilnehmer im Verlaufe der Produktivitätsphase anfangen, ihre eigene Kreativität zu entwickeln, besteht die Möglichkeit, einen der Teilnehmer das nächste Treffen vorbereiten zu lassen, und/oder mit eher spielerischen Übungen wie Rollenspiel, Malen, Singen zu arbeiten. Darauf sollten auch die »Hausaufgaben« abgestimmt werden.

Eine Gruppe, die auf solche Art und Weise arbeitet, wird auch in der Lage sein, ihre eigene Art des Beendens und des Abschiednehmens zu entwickeln. In der Intervision kann es vorkommen, dass eine Gruppe oder einige der Mitglieder beschließen, noch einige Zeit weiterzumachen. Der Begleiter kann mit relativ geringem Zeitaufwand die Gruppe aus der Distanz weiter unterstützen, indem er sich zu ihren Berichten äußert oder Hinweise für die Durchführung von Gruppensitzungen gibt. Ich finde es sehr wichtig, in der Abschlussphase über neue Ziele nachzudenken und über Wege zu deren Umsetzung.

2.5 Formen der Begleitung

Trainer oder Coach/Mentor sind die beiden möglichen Rollen des Begleiters von Intervisionsgruppen. Die Arbeitsweise des Trainers zeichnet sich durch zielgerichtetes, effektives und effizientes Verhalten aus, durch deutliche Präsenz und hohes Verantwortungsbewusstsein. Der Coach/Mentor dagegen regt an, unterstützt und hilft, damit die Teilnehmer durch ihre Motivation und ihre eigene Leistung die Gestaltung des Lernprozesses irgendwann selbst übernehmen.

Es ist schwer zu sagen, welche Methode das bessere Resultat verspricht. In der Intervision sollte den Teilnehmern allerdings möglichst viel Autonomie zugestanden werden, damit sie sich vom Begleiter lösen können, um ihre Probleme ohne ihn zu regeln. Diese idealtypische Sicht orientiert sich an der Beziehungsdefinition für Therapeuten und Patienten, die gleichfalls auf ihre Auflösung hin angelegt ist.

Im Folgenden werden die unterschiedlichen Begleiterrollen etwas genauer beschrieben.

Der Trainer

Nach Oomkes (1992) sind Trainer vor allem Programmierer und Planer. Sie finden heraus, was ein Mensch lernen will oder soll und versuchen dann, die gesetzten Ziele zu erreichen. Oomkes vergleicht das Trainieren mit dem Bau eines Hauses. Damit ein gutes Haus entsteht, braucht man einen exakten Entwurf, ein stabiles Fundament, koordinierte Zusammenarbeit und klare Absprachen. Es geht nicht ohne Architekt, der den Bauprozess betreut. Auch ein Hausbau geht Schritt für Schritt und Phase für Phase vor sich.

Der professionelle Trainer arbeitet laut Oomkes mit einem so genannten Trainingszyklus. Er »baut« einen Prozess, ein genau passendes »Trainingshaus«. Der Trainingszyklus sollte für alle Beteiligten durchschaubar sein. (vgl. Abbildung 5 auf S. 52).

Untersuchungen (Miles 1981/82) haben deutlich gemacht, dass ein guter Trainer die vier folgenden Kerneigenschaften besitzen muss. Er sollte:

- unterstützen können: Ermutigung, Verständnis, Anerkennung, Wärme ausstrahlen;
- Lehrer sein: Einsichten in menschliches Verhalten und in den Umgang mit Gruppen- und Lernprozessen vermitteln können sowie Trainingsmethoden und -materialien beherrschen;
- inspirieren können: als inspirierendes Vorbild auftreten, andere begeistern oder herausfordern;
- organisieren können: geübter Umgang mit Zeit, Räumen, Materialien.

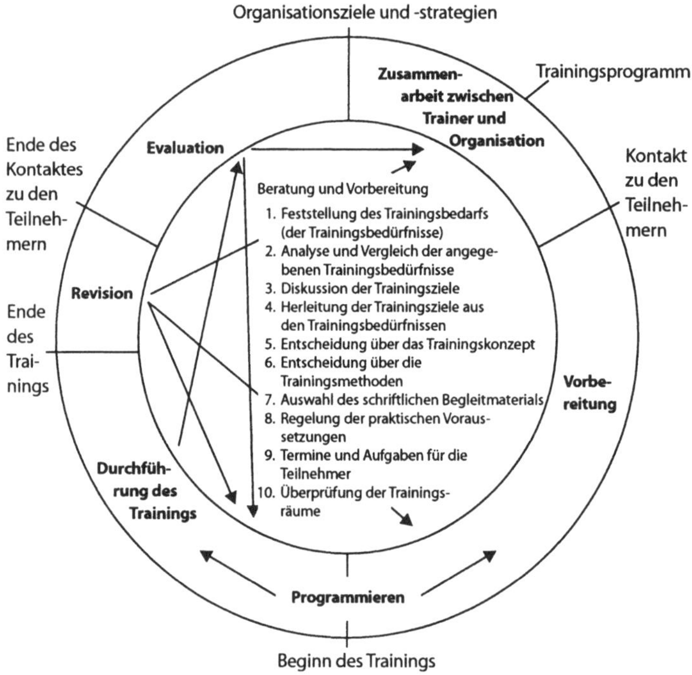

Abbildung 5: Der Trainingszyklus

Voilà – der ideale Trainer. Damit hätten wir schon den Text der Stellenausschreibung für einen Intervisions-Begleiter. Der Vollständigkeit halber fügt Oomkes noch hinzu: Einfühlungsvermögen, Zugewandtheit, Respekt, Offenheit und Direktheit, Geduld und Durchsetzungsvermögen, Anpassungsfähigkeit und Sinn für Humor!

Ein Trainer sollte also kein dahergelaufener Anfänger sein, sondern ein Profi! Er trägt eine sehr hohe Verantwortung.

Der Coach

Ein Coach will die potenziellen Qualitäten eines Menschen freisetzen, damit dieser Besseres leisten kann. Er ist kein Lehrer, aber jemand, der beim Lernen helfen kann (Whitmore 1995). Der Coach ist gleichsam ein Resonanzkörper. Er macht Dinge bewusst, ist ein Helfer. Der Andere soll Verantwortung übernehmen. Aufgabe des Coaches ist es, dem Anderen dabei zu helfen, ihn zu unterstützen – mal direkt und aus nächster Nähe, mal aus größerer Distanz.

Ein Coach stellt vor allem Fragen. Er beurteilt nicht, er interpretiert nicht, aber er fragt nach. Seine Ziele sind Wachstum und Entwicklung des Anderen. Laut De Jonghe et al. (1996) dient das Coaching dazu, neu gelernte Fähigkeiten in die Praxis umzusetzen. De Jonghe et al. beschreiben Coaching als gezielte Unterstützung bei der Arbeit. Ziel ist es, durch systematische Reflexion des professionellen Tuns die Leistungsfähigkeit zu erhöhen, fachliches Können dauerhaft zu verbessern und zu aktualisieren. Verhoeven (1995) fügt hinzu, Ziel des Coaching sei, dass jeder sein eigener Coach wird. Seiner Ansicht nach eignet sich Coaching besonders für sich selbst steuernde Teams gleichrangiger Mitarbeiter.

Der Mentor

Bevor Odysseus in den Trojanischen Krieg zog, übergab er die Sorge für sein Haus und die Erziehung seines Sohnes Telemachos an Mentor. Nach dem Kriege wurde Odysseus zu einer zehnjährigen Irrfahrt verurteilt. Der inzwischen erwachsene Telemachos begab sich auf die Suche nach seinem Vater. Er reiste in Begleitung der Göttin Athene, die die Gestalt Mentors angenommen hatte. Und Telemachos lernte seine Lektion über das Leben.

Diese Geschichte führte dazu, dass der Name Mentor allmählich zum Synonym für einen Berater wurde, einen väterlichen Freund, Lehrer, weisen Ratgeber. Der Mentor ist ein Mensch, der dabei hilft, Selbstvertrauen zu entwickeln, der Wissen und Einsichten vermittelt (Shea 1994).

Coachen hat ganz direkt mit Leistungssteigerung bzw. mit dem Erwerb der dazu nötigen Fähigkeiten zu tun. Ein Mentor steht ein wenig abseits. Sein Ziel ist es, durch Beratung und Betreuung längerfristige Lernziele zu erreichen.

Der Coach wie der Mentor engagieren sich direkt und unmittelbar für ihre »Schützlinge«. Beide sind bestrebt, Erfahrungen zu vermitteln, die bessere Leistungen ermöglichen. Die Begriffe Coach und Mentor liegen also dicht beieinander und werden häufig (besonders in der angelsächsischen Literatur) synonym verwendet.

Der Trainer-Coach

Vor Jahren, in der Ära von Rinus Michels, als die erste Traummannschaft für Ajax Amsterdam spielte, wurde ein Fußballtrainer erstmals als »Trainer-Coach« bezeichnet. Seither wird die Rolle »Trainer-Coach« vorwiegend mit dem (Fußball-)Sport assoziiert. Als Trainer muss er die Kondition der Spieler verbessern und den technischen Umgang mit dem Ball üben. Als Coach befasst er sich mit taktischen Konzepten und stellt das Team zusammen. Diese Doppelrolle musste aufgeteilt werden, da der Fußball sich weiterentwickelte und die Aufgaben des Trainer-Coaches immer umfangreicher wurden. Vieles spricht für die Übernahme dieser Bezeichnung für den Begleiter von Gruppen. Die tägliche Begleitungspraxis ist harte Trainings-Arbeit, und gleichzeitig geht es um das Erlernen neuer Arbeitsstrategien. Möglicherweise ist der Trainer-Coach der ideale Begleiter für Intervisionsgruppen – ganz nahe dran oder mehr auf Distanz, je nach den Erfordernissen der Situation.

2.6 Fallstricke für die Arbeit des Intervisors

- **Der Intervisor als Beratungsstelle**

Wenn der Intervisor aus der eigenen Einrichtung oder Abteilung kommt, besteht die Gefahr, dass er dauernd als Berater angesprochen wird. Zwar wird er den Betreffenden an die Intervisionsgruppe verweisen oder ihn ermutigen, sein Problem selbst zu lösen.

Dennoch empfinden manche Begleiter diese Rolle als verwirrend und belastend. Der Intervisor sollte daher der Intervisionsgruppe sehr deutlich machen, was er machen kann und was nicht.

- **Der Intervisor als Sozialarbeiter**

Eine Intervisorin berichtete uns, dass sie ziemlich oft Kollegen außerhalb der Intervisionsgruppensitzungen geholfen hat, private Problemen zu lösen. Das ging bis zu Gesprächen mit Vorgesetzten. Diese Kollegin klagte über ihre hohe Arbeitsbelastung! Weder Sozialarbeit noch Therapie gehören in die Intervision.

Über diese Dinge kann zwar in der Gruppe gesprochen werden, aber Lösungen müssen anderswo, innerhalb oder außerhalb der Organisation gefunden werden.

- **Der Intervisor und seine vielen Rollen**

In einem Workshop über Intervision haben wir einmal die unterschiedlichen Rollen eines Intervisors zusammengestellt:

- Sozialarbeiter
- Fachdidaktiker
- Ombudsmann
- Kritiker
- Problemlöser
- Trouble shooter
- Vermittler
- Pädagoge
- »Mädchen für alles«

Auch diese Kollegen standen unter großem Druck und litten unter dem Gefühl, ihre Aufgaben wüchsen ihnen über den Kopf. Die Frage ist aber, ob dies alles wirklich Intervisions-Aufgaben waren.

Es ist also wichtig, den Aufgabenbereich des Intervisors genau zu beschreiben. Man sollte sich auch die Zeit und den Raum nehmen, um immer mal wieder in Ruhe über das Intervisieren nachzudenken.

- **Intervision des Intervisors**
Auch der Intervisor hat manchmal das Bedürfnis, etwas loszuwerden! Ein Berufskollege kann da ein guter »Resonanzkörper« sein. Das muss nicht unbedingt als Intervision ablaufen.

- **Der Intervisor als Supervisor**
Es wird immer wieder vorkommen, dass ein Teilnehmer um ein Einzelgespräch bittet oder dass der Intervisor ein Einzelgespräch für notwendig hält. Dagegen ist nichts einzuwenden, wenn genügend Zeit dafür da ist und das Gesprächsthema nicht in das Gruppengeschehen eingreift. Damit keine Irritationen entstehen, ist es richtig, wenn derjenige, der um ein individuelles Gespräch gebeten hat, das der Gruppe mitteilt. Es ist aber nicht notwendig, den Gesprächsinhalt zur Diskussion zu stellen.

Der Intervisor und auch das Management müssen damit rechnen, dass einzelne Teilnehmer den Wunsch nach individueller Betreuung oder nach Coaching, vielleicht sogar nach Supervision, äußern. Auch hier gilt: solange die Voraussetzungen dafür gegeben sind, spricht nichts dagegen.

2.7 Zusammenfassung

Der geübte Begleiter sollte seine Aktivitäten als Trainer-Coach gut auf die Bedürfnisse und Möglichkeiten der Intervisionsgruppe abstimmen. Die Teilnehmer werden selbst herausfinden, wie Verhaltensänderungen und Problemlösungen zu erreichen sind.

Der Trainer-Coach vermittelt den Teilnehmern, dass sie für sich selbst einstehen müssen, dass sie selbst Verantwortung übernehmen, eigene Entscheidungen treffen und ihren Weg selbst finden müssen. Der Begleiter als Trainer-Coach beobachtet das Geschehen auf dem »Spielfeld« – »spielen« müssen die Teilnehmer selber. Der Trainer-Coach kann nur hier und da lenkend eingreifen. Er sollte zielgerichtet, sicher und überzeugend agieren.

3. Organisation der begleiteten Intervision

»Mir ist aber noch kein Motorradwartungsproblem begegnet, das so komplex gewesen wäre, dass es wirklich die volle Anwendung der formalen wissenschaftlichen Methode verlangt hätte. Reparaturprobleme sind nicht so verwickelt.
Es braucht doppelt so viel, fünfmal so viel, zuweilen ein dutzend Mal so viel Zeit wie die informelle Mechanikermethode, aber man weiß, dass man am Schluss dahinter kommt.
Dafür hat man ein Laborjournal. Alles wird darin notiert, systematisch, sodass man jederzeit weiß, wo man ist, wo man war, wohin man geht und wohin man will.
Autodidaktische Mechaniker sind immer besser als Mechaniker mit einer gediegenen Ausbildung, in der sie vor allem gelernt haben, bekannte Probleme zu lösen. Autodidaktische Mechaniker aber haben gelernt, ungelöste Probleme zu lösen.«

(Aus: Robert M. Pirsig, Zen und die Kunst ein Motorrad zu warten, Frankfurt am Main 1978, Fischer TB)

3.1 Einleitung

Das Thema dieses Kapitels basiert größtenteils auf dem in Kapitel 2.5 beschriebenen Trainingszyklus nach Oomkes. Um die Übersichtlichkeit zu verbessern, wurden einige Phasen zusammengefasst. Die Schritte Planung und Vorbereitung, Programmierung, Anwendung und Evaluation werden nacheinander behandelt.

Der Erfolg der begleiteten Intervision steht und fällt mit einer guten Vorbereitung. Die genannten Schritte der begleiteten Intervision müssen daher in der Regel gut in die organisatorischen Abläufe einer Einrichtung integriert sein. Die Leitungen (vor allem Management und Personalabteilung) sollten zudem die im folgenden Kapitel dargestellten Voraussetzungen der begleiteten Intervision bei ihren Entscheidungen mit berücksichtigen.

Aber auch eine Gruppe von Kollegen, die sich aus eigener Initiative in ihrer Freizeit trifft und einen Begleiter engagiert, kann von den Informationen in diesem Kapitel profitieren. Einige Abschnitte werden nicht in jedem Fall relevant sein. Ganz allgemein gilt jedoch, dass Begleiter und Gruppe sich im Rahmen ihrer Organisation einen eigenen Weg suchen müssen.

3.2 Planung und Vorbereitung

3.2.1 Verortung in der Organisation

Begleitete Intervision sollte als ein Teil der Personalentwicklung der Organisation verstanden werden. Verantwortlich dafür ist in erster Linie das Management. Das bedeutet, dass es über die Einführung von Intervision entscheidet, das Budget bewilligt, einen Intervisor einstellt und Dinge wie Räumlichkeiten, Zeiten, Kosten usw. klärt. Es muss festgelegt werden, wie über die Teilnahme an der Intervision entschieden werden soll. Soll die Teilnahme auf freiwilliger Basis stattfinden oder soll sie beispielsweise bei neuen Mitarbeitern ein obligatorischer Bestandteil der fachlichen Betreuung sein? Für derartige Entscheidungen ist in jedem Fall das Management verantwortlich. Von Anfang an sollte Klarheit über die Rahmenbedingungen der Intervision herrschen. In der Praxis hat sich bewährt, dass ein leitender Mitarbeiter für die begleitete Intervision in der Organisation zuständig ist, am besten derjenige, der auch die Fachberatung durchführt.

3.2.2 Verpflichtung eines Intervisors

Einen Intervisor in der eigenen Organisation zu finden, hat den Vorteil, dass er direkt verfügbar ist und sich in der Organisation auskennt.

Wenn wir uns die Informationen aus Kapitel 1 und 2 noch einmal vergegenwärtigen, entsteht folgendes Profil eines Intervisors:

- ausreichende Erfahrungen im jeweiligen Arbeitsbereich;
- Erfahrung in der Leitung von Gruppen;
- Kenntnisse über die jeweilige Organisation;
- ohne eine hierarchische Position in der Organisation.

Darüber hinaus sollte der Intervisor im Stande sein:

- die Vertraulichkeit der Gruppenprozesse zu wahren;
- den Lernprozess zu unterstützen;
- den Verlauf des Gruppenprozesse allgemein einzuschätzen und zu formulieren.

3.2.3 Intervisionsvertrag

Es empfiehlt sich, zwischen der Organisation (hier vertreten durch den Intervisor) und dem Intervisanten (Mitarbeitern) einen Vertrag abzuschließen, der folgendermaßen aussehen könnte:

Intervisionsvertrag

.... (Namen)
beschäftigt bei.. (Name der Einrichtung)
treffen bezogen auf das geplante Intervisionsprojekt die folgenden Vereinbarungen:

Allgemein

1 Gegenstand des Intervisionsprojektes ist die kollegiale Beratung bei beruflichen Problemen, begleitet durch einen professionellen Intervisor.

2 Ziel des Projektes ist es, von den fachlichen Kenntnissen aller Beteiligten zu profitieren und die fachliche Kompetenz der Beteiligten zu verbessern.

3 Selbstständiges Arbeiten und Eigenverantwortlichkeit aller Teilnehmer stehen im Mittelpunkt des Projekts. Ziel ist es, die individuelle Steuerung und die gemeinsame Verantwortung im Gruppenprozess zu entwickeln.

Gegenseitige Vereinbarungen

4 Die vom Management festgelegten Stunden werden im Rahmen des Intervisionsprojekts auf Zeiten für Gruppensitzungen, deren Vorbereitung und Auswertung verteilt.

5 Intervision ist ein Bestandteil der Einarbeitung neuer Mitarbeiter. Diese Form der Intervision findet daher während der Arbeitszeit statt.

6 Mitarbeiter, die schon länger in der Einrichtung tätig sind, können sich freiwillig für das Intervisionsprojekt anmelden. Ob und in welchem Umfang die Intervision als Fortbildung oder im Rahmen von Bildungsurlaub anerkannt werden kann, ist mit dem zuständigen Abteilungskoordinator und der Personalabteilung zu klären. Auch eventuelle Veränderungen der Arbeitszeiten sind mit dem Abteilungsleiter zu regeln. Die jeweilige Abteilung steht der Teilnahme an der Intervision positiv und unterstützend gegenüber.

7 Die zwischen Intervisor und Intervisanten getroffenen Vereinbarungen, die den guten Verlauf des Projektes sicherstellen, sind verbindlich.

8 Nach Abschluss des Intervisionsprojektes erhält jeder Teilnehmer – regelmäßige Anwesenheit vorausgesetzt – einen entsprechenden Vermerk in seiner Personalakte (eventuell auch in Form eines Zertifikats).

9 Nach Beendigung des Intervisionsprojektes findet ein Gespräch jedes Intervisanten mit dem Abteilungskoordinator statt, um eventuelle Fortbildungs- und Beratungsbedarfe zu klären.

10 Die Informationen aus den Intervisionstreffen sind sowohl von den Teilnehmern als auch vom Intervisor vertraulich zu behandeln. Nur wenn alle Beteiligten einverstanden sind, dürfen Gruppeninhalte auch außerhalb der Gruppe besprochen werden.

11 In Absprachen mit der Intervisionsgruppe werden Kriterien festgelegt, die für die Auswertung des Arbeitsprozesses erhoben werden. Diese Kriterien werden mit dem Management abgestimmt.

12 Der Intervisor soll die Gruppe beraten und den Gruppenprozess begleiten. Er kann auch Hinweise auf andere Beratungs- oder Fortbildungsmöglichkeiten geben. Die Eigenverantwortlichkeit der Teilnehmer für den Gruppenprozess beinhaltet auch, dass Einzelfragen selbstständig mit dem Vorgesetzten besprochen werden können.

13 Das Management erklärt sich bereit, den Mitarbeitern die Teilnahme am Intervisionsprojekt zu ermöglichen und die Ergebnisse in einer Auswertung zu besprechen.

14 Das Intervisionsprojekt hat keinen Einfluss auf die Personalbeurteilung. Intervision ist ein Teil des Personalentwicklungsangebots für Mitarbeiter der Organisation.

Hiermit erklären die Unterzeichnenden, Intervisant und Intervisor (im Namen der Einrichtung), dass sie sich nach Kräften bemühen werden, oben genannte Vereinbarungen zu realisieren.

Datum ....

Unterschrift Intervisant ....

Unterschrift Intervisor ....

3.3 Programmierung

3.3.1 Einführungsveranstaltung

Im Rahmen einer allgemeinen Einführungsveranstaltung erläutert und visualisiert der Intervisor die Möglichkeiten und Grenzen der begleiteten Intervision. Um das Interesse der Organisation am Intervisionsprojekt zu unterstreichen, sollte auch die Leitung anwesend sein.

Die folgenden Informationen sollten über Folien oder Wandzeitungen den Teilnehmern vermittelt werden:

Warum Intervision? Zielsetzungen

- problemlösend arbeiten zu lernen;
- fachliche Weiterbildung;
- kollegiale Zusammenarbeit und Unterstützung;
- aus den Erfahrungen der anderen lernen;
- Erkennen der eigenen Möglichkeiten;

Was ist Intervision? Definition:

- gegenseitige Beratung bei beruflichen Problemen
- in einer aus Gleichrangigen bestehenden Lerngruppe,
- die innerhalb einer gemeinsam festgelegten Struktur
- zielgerichtet
- in einem autonomen, erfahrungsorientierten Lernprozess
- Lösungen zu finden sucht.

Was geschieht bei einem Treffen der Intervisionsgruppe?

- Sammeln von beruflichen Problemen;
- Auswahl eines Problems zur Bearbeitung;
- Problemanalyse;
- kollegiale Beratung;
- Übungen mit unterschiedlichen Methoden;
- Auswertung des Treffens, eventuell Hausaufgaben.

Was tut der Begleiter? Seine Aufgaben:

- er unterstützt den Lernprozess;
- bestärkt die Eigenverantwortlichkeit der Teilnehmer;
- überwacht Struktur, Fortschritte und Zielsetzungen;
- verhält sich zurückhaltend.

Für wen? Zielgruppen der Intervision:

- neue Mitarbeiter;
- Mitarbeiter, die sich freiwillig melden;
- Mitarbeiter, die schon fünf bis zehn Jahre in einem Bereich arbeiten;
- im Prinzip jeder.

Welche Voraussetzungen sind erforderlich?

- die Motivation dazuzulernen;
- Verbindlichkeit;
- Vertraulichkeit;
- Vertrag;
- weitere Voraussetzungen.

3.3.2 Weitere Voraussetzungen

Die Intervisanten werden über einige weitere Voraussetzungen der Intervision informiert, die zum größten Teil im Intervisionsvertrag festgelegt sind. Dieser Vertrag kann bei der Veranstaltung verteilt werden.

Folgende Dinge sollten besprochen werden:

- Zahl der Gruppentreffen (max. 2 Stunden pro Treffen)
- Terminvorschlag (fester Termin an einem bestimmten Tag, beispielsweise alle zwei Wochen)
- Zeitaufwand für Vor- und Nachbereitung/Üben (beispielsweise max. 2 Stunden pro Treffen)
- Ansprechbarkeit (ja oder nein) des Intervisors zwischen den Gruppentreffen
- Gruppengröße (beispielsweise mindestens vier und maximal zehn Personen)
- Beziehung zwischen Intervision, Personalbeurteilung, Fachberatung
- Anwesenheitspflicht
- Eventuelles Aufnahmegespräch
- Folgeaktivitäten (Coaching, Fortbildung)

Diese Einführung wird am besten gruppenweise durchgeführt. Sie kann auch schriftlich oder in Einzelgesprächen stattfinden. Ein Gruppengespräch ist nach meiner Erfahrung sehr motivierend, weil es den Charakter einer ersten Übungssitzung hat, in der alle Fragen und Unklarheiten vorgebracht werden können.

3.3.3 Aufnahmegespräch

Manchmal ist es sinnvoll, mit jedem potenziellen Teilnehmer ein Aufnahmegespräch zu führen, in dem eventuelle Fragen individuell geklärt werden können. Das kann der Fall sein, wenn es schwierig ist, Menschen an einen Tisch zu bekommen sind, oder wenn es besonders viele individuelle Fragen (Widerstände) gibt. Der Einzelne wird unaufdringlich über den Intervisionsprozess informiert. Die

Betonung von Sicherheit und Vertraulichkeit, aber auch Informationen über den Lernprozess und der Hinweis auf die zu erwartende Erfahrung von kollegialer Unterstützung helfen Menschen, sich zu öffnen. An dieser Stelle kann auch die Rolle des Begleiters erklärt werden.

3.4 Die Praxis der Intervision

3.4.1 Erstes Treffen

Das erste Treffen dient dem Aufbau einer klaren Struktur. Je nach dem Informationsniveau der Gruppe kann man von den zehn im folgenden genannten Punkten einzelne weglassen.

Kennenlernrunde

Thema: »Wer bin ich? Wo arbeite ich?« Jeder hat zwei Minuten zur Verfügung, um sich vorzustellen, und zwei Minuten, um von seiner Arbeitssituation zu berichten. Geben Sie den Teilnehmern etwas Zeit, sich ihre Vorstellung zu überlegen.

Information

Kurze Einführung in die Intervision: Ziele, Zweck, Aufgaben der Begleitung. Die Teilnehmer sollen paarweise Fragen und Unklarheiten zusammentragen und besprechen. Anschließend Austausch mit der ganzen Gruppe.

Vereinbarungen über die Arbeit

Treffen Sie Vereinbarungen über die einzelnen Zusammenkünfte: Wie oft, wann, wo, von wann bis wann sollen sie stattfinden, Hausaufgaben (Tagebuch), Anwesenheitspflicht.

Intervisionsvertrag

Besprechen Sie mit der Gruppe den Intervisionsvertrag und lassen Sie ihn von allen unterzeichnen.

(Bei guter Vorabinformation benötigt man für diese Punkte nicht länger als eine Stunde. Der zweite Teil des Treffens steht dann für das Bearbeiten von Problemen zur Verfügung.)

Problembearbeitung

Beim ersten Mal sollten Sie mit einer relativ unkomplizierten Methode arbeiten, beispielsweise mit der Ereignismethode (siehe Kapitel 5.1.1). Denkbar wäre auch eine Übung im Problemformulieren. Oft ziehen es die Teilnehmer auch vor, direkt mit dem aktuellen Problem eines Teilnehmers zu arbeiten. Eine Variante: Lassen Sie die Teilnehmer zuerst sehr ausführlich über ihre berufliche Situation erzählen und über die Probleme, mit denen sie dort konfrontiert werden. Erst beim darauf folgenden Treffen soll dann ein einzelnes Problem ausgewählt werden.

Auswertung

Führen Sie eine kurze Auswertung durch und treffen Sie Absprachen über die zukünftige Arbeit (Fachliteratur lesen, Probleme für das nächste Treffen schriftlich formulieren, Tagebuch führen). Im folgenden Kapitel werden Beispiele für den Verlauf von Intervisionsprozessen vorgestellt.

3.4.2 Eine alternative Startübung: Der Selbstintervisionsleitfaden

Dauer des Tests:	20 Minuten
Nachbesprechung:	10–30 Minuten
Benötigt werden:	Kopien des folgenden Fragebogens:

Fragebogen

1) Formulieren Sie in einem Satz ein Problem, das Sie mit dem folgenden Leitfaden bearbeiten wollen.

2) Was wollen Sie hinsichtlich dieses Problems am Ende der Arbeit mit dem Leitfaden erreicht haben?

3) Was wollen Sie langfristig erreichen?

4) Was ist der wichtigste Aspekt Ihrer heutigen Situation?

5) Wen außer Ihnen betrifft das Problem?

6) Wer ist für die Lösung des Problems verantwortlich?

7) Was haben Sie bisher zur Problemlösung unternommen?

8) Was waren die Ergebnisse?

9) Welche Hindernisse mussten Sie überwinden?

10) Welche Hilfsmittel stehen Ihnen zur Verfügung?

11) Welche Frage könnte ich Ihnen stellen, damit Sie sich besser fühlen?

12) Schreiben Sie eine Liste der verschiedenen Wege, die sie beschreiten könnten, um ihr Problem in den Griff zu bekommen.

13) Welcher dieser Wege ist
- der angenehmste;
- der herausforderndste;
- der zeitaufwendigste;
- der am meisten befriedigende?

14) Was werden Sie tun?

15) Wie groß schätzen Sie die Wahrscheinlichkeit, dass Sie das, was Sie vorhaben, auch wirklich realisieren?

16) Geben Sie Ihrer Prognose eine Note zwischen 1 und 10 (10 = sehr große Wahrscheinlichkeit, 1 = sehr geringe Wahrscheinlichkeit)

17) Denken Sie darüber nach, was diese Prognose für Sie bedeutet.

(Aus einer Material-Dokumentation der niederländischen »Gesellschaft für Coaching« 1996)

3.4.3 Tagebuch

Intervisionstagebuch

Name...

Datum ....

Beschreiben Sie ihr Problem in max. 12 Sätzen.

1) Analysieren Sie ihr Problem (persönliche, kollegiale, aufgabenorientierte und organisatorische Aspekte; was beschäftigt Sie am meisten?)

2) Beschreiben Sie die vorgeschlagenen Lösungsstrategien (berücksichtigen Sie die Realitätsnähe, die Planung möglicher Schritte, die Alternativen).

3) Beschreiben Sie die Arbeitsweisen

4) Was haben Sie während dieses Treffens gelernt?

5) Welche Punkte sind für das nächste Treffen wichtig?

6) An welchen Punkten wollen Sie selbst arbeiten?

3.5 Auswertung

Checkliste

1) *Auswertung der Zielerreichung (Produkt-Evaluation)*
   - Erweiterung problemlösender Fähigkeiten
   - fachliche Weiterbildung
   - Stärkung der kollegialen Zusammenarbeit und Unterstützung
   - voneinander lernen
   - die eigenen Möglichkeiten besser erkennen
   - Verhaltensänderung

2) *Auswertung des Intervisionsprozesses (Prozess-Evaluation)*
   - Entwicklung von Eigenverantwortlichkeit
   - Vergrößerung der Gruppenverantwortlichkeit
   - Stärkung der Fähigkeit zur Interaktion
   - lernen, Probleme zu analysieren und Lösungsvorschläge zu machen
   - Beteiligung an den Treffen
   - Entwicklung gegenseitigen Vertrauens

3) *Auswertung des organisatorischen Bereichs*
   - verpflichtender Charakter der Intervision
   - Werbung und Vorinformation
   - Intervisionsvertrag
   - Rahmenbedingungen (Frequenz, Dauer usw.)
   - Hausaufgaben/Tagebuch/Aufträge
   - Organisation vonseiten der Einrichtung

4) *Bewertung des Begleiters*
   - Förderung problemlösenden Arbeitens
   - unterstützende Begleitung
   - Produktorientierung
   - Prozessorientierung
   - Einstellung auf die Bedürfnisse der Teilnehmer

5) *Persönliche Auswertung des Begleiters*
   - Prozessverlauf (nach jeder Gruppensitzung)
   - Produktzentrierung (Zielsetzungen beachten)
   - Vorbereitung
   - Reflektion und Auswertung
   - Art der Begleitung
   - Flexibilität

3.6 Zusammenfassung

In diesem Kapitel habe ich viele Vorschläge für die praktische Arbeit gemacht. Sie sind aber nicht als starres Gerüst im Sinne von »so und nicht anders muss es laufen« gemeint, sondern als richtungsweisende Möglichkeiten. Jede Intervisionsgruppe muss durch Erfahrungen lernen, welche Arbeitsweise für sie richtig ist. Dennoch gibt es vonseiten der Einrichtung ein großes Interesse an klaren Strukturen und motivierenden Berichten. Das Management muss die begleitete Intervision aus der Sphäre der reinen Freiwilligkeit holen und deutlich machen, dass Intervision notwendig ist (beispielsweise über Vereinbarungen zur Personalentwicklung). So ist eine Optimierung der selbstverantwortlichen und selbststeuernden Fähigkeiten der Mitarbeiter zu erreichen.

Das Management sollte zwar immer über die Ergebnisse informiert sein. Es ist aber die Sache des Intervisors, sich auf keinen Fall dazu verleiten zu lassen, Beurteilungen über die Teilnehmer abzugeben, wenn die Leitung auch noch so interessiert daran ist.

Zum Schluss: Ein Intervisor ist auch nur ein Mensch. Er sollte sich nicht allzu großem Druck aussetzen. Sorgen Sie dafür, dass Ihnen Zeit zur Besinnung bleibt. Suchen Sie sich einen Partner, einen kollegialen Coach, beispielsweise oder einen Supervisor. Es ist sehr wichtig, dass der Intervisor ein Tagebuch über die Gruppentreffen führt.

4. Die Praxis der begleiteten Intervision

»Ist es von Bedeutung, zu wissen, wie man Probleme lösen kann?«, fragte Pu. Ihm gefiel die Vorstellung, ein sehr bedeutender Bär zu werden, und wenn die Lösung von Problemen von Bedeutung war, könnte ihm das vielleicht helfen.
»Von großer Bedeutung. Und sie wird immer größer. Durch die sich verändernden Technologien entstehen viele Probleme, die es früher gar nicht gab und die gelöst werden müssen. Das ist oft schwierig, weil wir nie sagen können: ›Oh, das ist genau so ein Problem, wie wir es im vergangenen Jahr schon gelöst haben!‹ Wir müssen ohne die Hilfe von Erfahrungen Lösungen finden. Beispiele dafür sind die Automatisierung, die Kommunikation im Internet, die DNS und...«
»Das war ja zu erwarten«, unterbrach I-Aah. »Veränderungen machen fast immer Probleme.«

(Aus: Allen, Roger E./Allen, Stephen D: Winnie the Pooh on Problemsolving [Pu der Bär beim Problemlösen] Manchester, 1992)

4.1 Einleitung

Die Praxis der begleiteten Intervision kann ganz unterschiedlich aussehen.

Wie in den vorigen Kapiteln beschrieben wurde, sucht sich jeder Begleiter je nach seinen Voraussetzungen einen eigenen Weg. Die in diesem Kapitel vorgestellten Beispiele sind eher zufällig ausgewählte Situationen, an denen gezeigt werden soll, wie ein Begleiter den Intervisionsprozess gestalten kann. Gleichzeitig machen die Beispiele deutlich, dass es keinen festgelegten Ablauf gibt. Im Gegenteil: der Begleiter sollte stets darauf bedacht sein, dass sich der Lernprozess aus den Fragestellungen der Intervisionsgruppe entwickelt. Der Begleiter hat darüber hinaus die Möglichkeit, die Gruppe immer wieder herauszufordern und die Teilnehmer zu ermutigen, ihre Grenzen zu erkennen.

Die folgenden drei Beispiele kommen aus dem schulischen Bereich, da ich dort die meisten Erfahrungen habe. Das dürfte aber kein Problem sein – der Leser kann die beschriebenen Intervisionszyklen ohne weiteres auf die eigene berufliche Situation übertragen. Ich habe das bei meinen Ausführungen berücksichtigt.

Dieses Kapitel soll zeigen, auf welche Weise mit ganz unterschiedlichen Gruppen gearbeitet werden kann: hier sind es Berufsanfänger, Personen mit langjähriger Berufserfahrung und Leiter von Fortbildungseinrichtungen. In diesen Beispielen wird sowohl der Intervisionsprozess beschrieben als auch die Struktur und die Gestaltung der Gruppentreffen.

Man muss sich stets darüber im Klaren sein, dass es um Intervision mit Gruppen geht, die keine oder nur wenig Erfahrung mit dieser Art gemeinsamer Arbeit haben und unbedingt eines Anleiters bedürfen, der ihnen eine Struktur anbietet und den Lernprozess begleitet.

4.2 Begleitete Intervision mit Berufsanfängern in der Schule

Bei Berufsanfängern im schulischen Bereich geht es sehr häufig um die Disziplin in der Klasse, so als wäre Disziplin das einzige Kriterium, um das Können junger Lehrer zu beurteilen. Wenn die Disziplin funktioniert, kann man beruhigt einer festen Einstellung entgegensehen. Daneben scheinen alle anderen Probleme unwichtig zu werden.

Es mag positive Ausnahmen geben, aber im Allgemeinen findet ein junger Lehrer wenig oder gar keine Unterstützung. Das ergab eine Untersuchung aus dem Jahr 1995. Daraus geht hervor, dass die fehlende Unterstützung junger Lehrer nicht allein den Schulen anzulasten ist – faktisch fehlen die nötigen Einrichtungen für eine gute Betreuung. Aber auch die Aus- und Weiterbildungsinstitutionen könnten auf diesem Gebiet mehr tun. Ein junger Lehrer ist immer unsicher (wie fast alle Berufsanfänger). Man spricht in diesem Zusammenhang von einem »Praxis-Schock«: Die Wirklichkeit sieht nämlich ganz anders aus, als man es sich vorgestellt hat. Die Praxis ist viel komplizierter, und sie produziert jede Menge unerwarteter Probleme. Man bekommt es mit Tarifverträgen und Rechtsvorschriften zu tun. Man muss sich einen fachlichen Überblick verschaffen und sich mit Stundenplänen arrangieren, wird mit den unterschiedlichen Lebenshintergründen seiner Schüler konfrontiert, muss lernen, mit Prüfungen und Kritik umzugehen, und nicht zuletzt muss man sich um adäquate Unterstützung bemühen.

Berufsanfänger haben also einen großen Bedarf an Unterstützung und Beratung. Ein gut funktionierendes Einarbeitungsprogramm ist sowohl eine Investition in die Unterrichtsqualität als auch Personalentwicklung (Forum Lebendige Lehrerschaft [Vitaal Leraarschap] 1996). Die folgende Beschreibung eines Intervisionsprozesses zeigt, wie sehr es auf einen guten Anfang des Prozesses ankommt.

1. Sitzung

Kennenlernen

Die im Folgenden beschriebene Intervisionsgruppe besteht aus fünf jungen Referendaren unterschiedlicher Fachbereiche einer Berufsschule. Es handelt sich um drei Frauen und zwei Männer im Alter zwischen 24 und 36 Jahren. In ihrer Ausbildung haben sie sehr unterschiedliche Erfahrungen gesammelt. Alle fünf unterrichten zum ersten Mal Berufsschüler. Alle erzählen ausführlich über ihre Hintergründe. Die Kennenlernrunde, an der auch der Begleiter teilnimmt, schließt damit, dass jeder über die interessanten Aspekte seiner Arbeit erzählt.

Erwartungen formulieren

Anschließend spricht jedes Gruppenmitglied über seine Erwartungen an die Intervision. Alle gemeinsam haben den Wunsch nach »klaren Strukturen, pünktlichem Beginn und ernsthafter Arbeit«.

Darüber hinaus sind die Erwartungen recht unterschiedlich. Es werden genannt:

- Sich selber besser kennen lernen;
- Verbesserung der fachlichen Kompetenzen (beispielsweise im didaktischen Bereich);
- Umgang mit Frustration und Stress;
- praktische Schulung für die tägliche Arbeit;
- kollegiale Unterstützung;
- Feedback.

Die Gruppe ist sich darüber einig, was nicht sein soll: kein Kaffeekränzchen, keine Therapie, keine Verschwendung kostbarer Zeit.

Organisatorische Fragen
Als Nächstes geht es um die Erwartungen an Organisation und Begleitung. Der Begleiter bespricht mit der Gruppe nochmals den Vertrag und geht besonders auf die beiderseitigen Verpflichtungen ein. Er weist auf die Vertraulichkeit aller besprochenen Themen hin. Davon ausgenommen sind nur die allgemeinen Auswertungs-Kriterien, die in Absprache mit der Gruppe mit dem verantwortlichen Management abgestimmt werden können.

Danach geht es um die konkrete Planung: Termine, Anfangszeiten, Gesprächsleitung und anderes.

Am Ende wird ein Reader mit wichtigen Informationen zu Inhalt und Organisation der begleiteten Intervision (z.B. der Intervisions-Vertrag) verteilt.

Dieser Reader kann jederzeit durch weitere Informationen ergänzt werden, durch das jeweilige Sitzungsprotokoll beispielsweise und die Hausaufgaben.

Einführung in die Ereignismethode
Der erste Teil des Readers enthält eine kurze Zusammenfassung der Ereignismethode (siehe Kapitel 5.1.1). Während dieser ersten Sitzung wird die Ereignismethode anhand eines einfachen, überschaubaren Problems eines der Teilnehmer ausprobiert.

Das Problem
»Ich habe eine Kollegin, die ständig meine Aufmerksamkeit fordert«, erzählt Marijke. Immer wieder überfällt sie mich mit ihrer Redeflut. Und ich finde nie die angemessene Antwort. Ich fühle mich von ihr in die Enge getrieben. Meistens geht es um Nichtigkeiten, aber manchmal auch um meine Schüler und meinen Unterricht. Sie versucht mir das Gefühl zu vermitteln, alles falsch zu machen.«

Analyse durch die Gruppe
– Wie reagierst du auf sie?
– Wie selbstsicher trittst du auf? Wie verteidigst du dich?
– Ist es dir schon mal gelungen, sie auf Abstand zu halten? Wie?
– Forderst du sie auf, ihre »weisen Ratschläge« konkreter zu machen?
– Wie reagieren Schüler auf eine solche Lehrerin?

Vorschläge
– Frag nach, wenn sie mit ihrer Kritik anfängt.
– Reagiere selbstsicher und sag ihr, dass du auf so vage Andeutungen keinen Wert legst, aber an einem vertiefenden Gespräch interessiert seiest.
– Unterbrich sie nach zwei Sätzen und bestehe darauf, dass du jetzt deine Meinung dazu sagen willst.
– Achte darauf, das letzte Wort zu behalten.
– Sag einfach mal: »Lass mich in Ruhe.«
– Mach ihr klar, dass du hundertprozentig hinter deinen Schülern stehst und dass du besser weißt, worum es geht.

Einsichten
Die Teilnehmerin, um deren Problem es geht, stellt fest, dass sie bisher gar nicht auf die Idee gekommen war, sich aktiv zur Wehr zu setzen. Selbstbewusstes Auftreten fällt ihr schwer. Daran zu arbeiten, ist vielleicht ein gute Aufgabe für ihre weitere Teilnahme an der Intervision.

Sie stellt es sich ganz herrlich vor, ihrer Kollegin einmal zu sagen: »Lass mich in Ruhe mit deinem Geschwätz«, aber natürlich wäre das keine wirkliche Lösung. Sie nimmt sich daher vor, in der nächsten Zeit mal zu versuchen, die Kollegin nach zwei Sätzen zu unterbrechen und genauer nachzufragen.

Auswertung
Für die Gruppe gibt es hier zwei wichtige Einsichten. Als Erstes muss man lernen, das Wesentliche eines Problems kurz und klar zu formulieren, sonst schwappt einfach eine Flut von ungeordneten Gedanken und Ereignissen über die Teilnehmer hinweg. Zweitens macht die Gruppe die Erfahrung, wie schwer es sein kann, ein Problem durch Fragen zu objektivieren, ohne gleichzeitig zu interpretieren. Für die Gruppe war es eine gute Übung, in so kurzer Zeit (ca. eine Stunde) ein Problem zu analysieren und sehr unterschiedliche Lösungsvorschläge zusammenzutragen.

2. Sitzung

Einstimmung
Kurzer Rückblick auf die vorherige Sitzung. Marijke erzählt lachend, dass ihre Entwicklung zu einer selbstbewussten Frau in den letzten 14 Tagen keine nennenswerten Fortschritte gemacht hat. Immerhin ist es ihr einmal gelungen, ihre lästige Kollegin zu bremsen, worauf sie sehr stolz ist.

Organisatorische Fragen
Der Begleiter setzt die folgenden Punkte auf die Tagesordnung:
- Änderung der Anfangszeit der nächsten Sitzung wegen einer Besprechung;
- Abgabe der unterzeichneten Verträge;
- Aufnahme einer weiteren Kollegin – ist die Gruppe dazu bereit? Unter welchen Bedingungen?
- Richtlinien der Protokollführung besprechen.

Noch einmal: die Ereignismethode
Heute berichtet jeder Teilnehmer von einer problematischen Situation und versucht die Problemstellung kurz und klar in maximal fünf Sätzen zu formulieren.

Die folgenden Situationen werden angesprochen:

- »In einer meiner Klassen herrscht ständig Unruhe. Meine Konzentration leidet darunter und ich schaffe meinen Lehrstoff nicht. Ich kann die Unruhestifter nicht herausfinden. Diese Klasse kriege ich einfach nicht in den Griff.«
- »Als junger, Lehrer stehe ich oft vor Klassen mit vielen Mädchen und werde getestet: Sie jammern, dass sie die Aufgaben nicht verstehen, sie provozieren mich, versuchen mich vom Unterrichtsstoff abzulenken. Ich kann nicht gut damit umgehen.«
- »Mein Abteilungsleiter hört mir einfach nie zu und ist ziemlich autoritär. Ich gehe ihm nach Möglichkeit aus dem Weg, aber das löst mein Problem nicht. Ich muss irgendwie mit ihm auskommen. Was kann ich tun?«
- »Mein Unterrichtsstil ist eher nicht-direktiv. Ich finde, Schüler sollen Eigenverantwortlichkeit lernen. Das kollidiert natürlich mit dem autoritären Stil vieler meiner Kollegen. Ich fände es wichtig, hier irgendeine gemeinsame Linie zu finden. Wie kann ich das erreichen?«
- »Meine Einrichtung ist nicht gut organisiert. Es gibt viel zu viele Unklarheiten. Mich stört das sehr, aber ich weiß nicht recht, wo ich ansetzen soll. Könnt ihr mir helfen?«

Rückmeldungen der Gruppe

- Die Gruppe hat strukturiert mit der Ereignismethode gearbeitet.
- Zwar konnte jedes Problem nur sehr kurz besprochen werden, das hatte aber den Vorteil, dass alle vorgebrachten Probleme an die Reihe kamen.
- Beim nächsten Mal sollten wir mit der Ereignismethode an einem einzelnen Problem arbeiten, das dann ausführlicher und tiefergehend analysiert werden kann.
- Es ist der Gruppe diesmal besser gelungen, Informationsfragen zu stellen ohne zu interpretieren.

Auswertung des Begleiters (aus seinem Tagebuch)

Diese Gruppe ist im strukturierten Arbeiten noch nicht sehr geübt. Alle sind mit Begeisterung dabei. Jeder will am liebsten nur über sein eigenes Problem reden. Sie wünschen sich Aufmerksamkeit,

Unterstützung und Beratung. Und sie wollen sofort sichtbare Ergebnisse. Vielleicht haben wir diesmal zu oberflächlich gearbeitet, das haben die Teilnehmer selbst auch festgestellt. Natürlich kann man auch aus dieser Erfahrung lernen, aber vielleicht hätte ich es doch anders machen sollen. Schwieriges Dilemma: Soll man alle zufrieden stellen oder besser ein Problem exemplarisch vertiefen?

Den Teilnehmern fällt es schwer, einander zuzuhören, sich gegenseitig ausreden zu lassen und nachzufragen. Nächstes Mal muss ich mehr darauf achten.

Die Hausaufgaben müssen eingehend besprochen werden.

3. Sitzung

Rückblick und Besprechung der Lernziele
Wir besprechen die Protokolle und konzentrieren uns besonders auf die Lernerfahrungen und auf Fragen, die sich daraus ergeben. Von allen wird akzeptiert, dass nach der Erfahrung der vorherigen Sitzung zukünftig nur ein einziges Problem vertieft besprochen wird. Im Vergleich zur ersten Sitzung, als noch recht allgemeine Erwartungen formuliert wurden, nennen die Teilnehmer jetzt persönlichere Lernziele: Selbstsicherheit entwickeln, Zuhören lernen, mit Vorgesetzten verhandeln lernen, Unterrichtsvorbereitung, ins Kollegium »hineinwachsen«.

Der Begleiter teilt Material über das Einüben von selbstbewusstem Auftreten und über die Fähigkeit zum Zuhören aus.

Problemformulierung
John stellt folgendes Problem vor:

> »Eine meiner Klassen ist so chaotisch, dass ich sie kaum zur Ruhe bringen kann. Zwischen den Schülern gibt es riesige Niveauunterschiede. Ich versuche, den Unterrichtsstoff auf den kleinsten gemeinsamen Nenner zu bringen: d.h. er ist zu leicht für die schnellen Schüler, zu schwierig für die ganz langsamen. Auch daraus entsteht wieder Unruhe. Hinzu kommt, dass ich nicht zum Unterrichten ausgebildet bin und also kaum pädagogische Kenntnisse habe.«

Analyse
- Auf welche Art hast du bisher diese Gruppe unterrichtet?
- Was klappt in deinen anderen Klassen besser?
- Hast du es schon mal mit Gruppenarbeiten für schnelle und langsamere Schüler versucht?
- Hast du bereits mit dem Klassenlehrer gesprochen?
- Hast du deinen Mentor oder Koordinator gebeten, in deinem Unterricht zu hospitieren?
- Hast du dich um pädagogische Weiterbildung gekümmert?

Vorschläge
- Hör mit dem Unterrichten auf und such dir einen anderen Job.
- Such dir einen Coach, der deinen Unterrichtsstil analysiert und dir hilft, ihn zu verbessern.
- Pädagogische Weiterbildung ist auf jeden Fall wichtiger für dich als Informationstechnik. Besprich diese Schwerpunktverlagerung mit deinen Vorgesetzten.
- Sprich mit der Klasse über ihre ständige Unruhe und lass sie nach Lösungen suchen (die du möglichst schon parat hast).
- Rede noch häufiger mit Kollegen über dein Problem.

Reaktion
Als es heißt »Hör mit dem Unterrichten auf«, lacht John nur. Er findet den Unterricht gerade mit diesen Jugendlichen sehr befriedigend, aber er fühlt deutlich seine eigenen Unzulänglichkeiten. Auf lange Sicht wird ihm die pädagogische Fortbildung weiterhelfen, aber da er jeden Tag aufs Neue vor dem Problem steht (»Morgen muss ich wieder in dieser Klasse unterrichten«), ist auch eine Soforthilfe notwendig. Den Vorschlag, sich nach einem Coach umzusehen, findet John am besten. Er fragt gleich den Begleiter der Intervisionsgruppe, ob der das nicht machen könnte.

Auswertung
Die Gruppe ist zufrieden mit ihrer Entscheidung, ein einzelnes Problem zu vertiefen und in allen Aspekten zu untersuchen. Das Problem betrifft alle Gruppenmitglieder, jeder hat seine Erfahrungen damit. Alle fanden die Methode gut, das Problem als Grup-

penthema: »Wie gehen wir mit schwierigen Klassen um?« neu zu formulieren.

Johns ängstliche Gefühle konnten durch einige erfahrenere Kollegen relativiert werden: Du musst erst einmal ein Jahr durchhalten – danach bist du schon viel ruhiger und weißt dir besser zu helfen.

Auswertung des Begleiters (Tagebuch)
Es war gut, gleich am Anfang darauf hinzuweisen, dass ich nur für die Intervision dieser Gruppe bezahlt werde. Ich kann helfen, Lösungen für Probleme außerhalb des Gruppengeschehens zu finden, aber mehr auch nicht. Ich kann also John nicht coachen. Sein Problem, einen Coach zu finden, sollte er beispielsweise mit seinem Fachgruppenleiter besprechen. Das Ziel von Intervision ist es, dass jeder lernt, seine Probleme selbstständig zu lösen. Ich werde darauf achten, ob es John gelingt, mit der Lösung seines Problems weiterzukommen.

Die Aufmerksamkeit für Johns Problem ging nicht auf Kosten der Gruppe, da es zu einem Gruppenthema wurde und jeder auf Grund seiner eigenen Erfahrungen dazu beitragen konnte. Die Vorteile der Methode wurden erkennbar, da die Qualität der Analyse und der Vorschläge deutlich besser wurde.

Das Zuhören und das spontane Fragen hat sich wie von selbst verbessert. Alle haben gelernt.

4. Sitzung

Organisatorisches
- Protokolle durchgehen.
- Der Reader muss erweitert und aktualisiert werden.
- Ein neuer Teilnehmer kommt in die Gruppe. Er wird herzlich begrüßt. Alle stellen sich vor und berichten kurz von ihren bisherigen Erfahrungen in der Gruppe.
- Der neue Teilnehmer erzählt einiges über sich. Da er erst kürzlich eingestellt wurde, konnte er an den ersten Sitzung nicht teilnehmen. Es war ihm sehr wichtig, jetzt noch einsteigen zu können.

Heute wird Margreets Fall behandelt. Neu ist, dass diesmal John der Gesprächsleiter ist und den Zeitplan und den Ablauf überwacht. Der Begleiter nimmt als »Gruppenmitglied« teil und hilft, wenn es nötig ist.

> Margreet: »Ich bin in diesem Jahr für einen erkrankten Praktikums-Begleiter eingesprungen. Glücklicherweise bin ich mit dem Arbeitsbereich einigermaßen vertraut. Ich wurde allerdings nicht ausreichend eingearbeitet und kannte daher die Kontaktpersonen der Praxis-Einrichtungen nicht. Das führte zu Problemen bei der Absprache. Inzwischen wird mir immer stärker bewusst, wie schlecht organisiert die Praktika sind. Falsche Adressen, Schüler, die ihren Praktikumsverpflichtungen nicht nachkommen, Verträge, die nicht unterzeichnet wurden, sodass manche Schüler nicht versichert waren usw. Die Verantwortung belastet mich sehr.«

Unter Johns Leitung werden die einzelnen Phasen der Ereignismethode abgearbeitet.

Auswertung
- Die Teilnehmer haben das Gefühl, die drei Schritte »Problemdarstellung, Analyse, Beratung« schon gut zu beherrschen.
- Margreet sagt, dass ihr die Ereignismethode gut geeignet scheint, um sie während eines Praxisreflektionstages mit den Schülern anzuwenden. Die anderen bestärken sie in dieser Idee.
- Die wichtigste Lehre für Margreet ist, dass sie nicht jedes organisatorische Problem zu dem ihren machen muss, sondern sich damit an den verantwortlichen Praktikumskoordinator wenden kann. Sie muss sich bemühen, deutlich zu sagen, wo ihre Grenzen liegen.

Anschließend verteilt der Begleiter einen vorläufigen Fragebogen zur Zwischenauswertung, den jeder Teilnehmer bis zum nächsten Mal ausfüllen soll.

5. Sitzung

Zwischenauswertung durch die Teilnehmer:

> »Ich muss mir mehr Zeit für die Hausaufgaben nehmen. Ich bin kein großer Schreiber, aber es hilft mir, meine Gedanken beim Aufschreiben ein bisschen zu ordnen.«
> »Ich bin ganz erstaunt über die Vielzahl an Möglichkeiten, die es zu geben scheint, um schwierige Situationen zu meistern.«
> »Mir wird immer klarer, dass viele meiner Probleme mit den Schülern mit mir selbst zu tun haben: Ich bin ein bisschen chaotisch und ich höre nicht immer gut zu.«
> »Manchmal reicht einfach die Zeit nicht, um alles zu schaffen.«
> »Ich fühle mich ein wenig entmutigt: es gibt so vieles, was ich noch lernen muss.«
> »Seit zwei Monaten arbeite ich viel bewusster. Ich suche immer nach konkreten Lösungen, wenn ein Problem auftaucht.«
> »Auch außerhalb der Intervisionsgruppe kenne ich jetzt Menschen, an die ich mich mit meinen Fragen wenden kann, Menschen, von denen ich Unterstützung bekomme.«

Bei dieser Zwischenauswertung werden noch einmal die anfänglichen Erwartungen reflektiert. Diese haben sich einerseits erfüllt, beispielsweise die Erwartung, »sich selber besser verstehen können«. Andererseits waren die Erwartungen zu Anfang noch sehr allgemein. Jetzt, nach mehreren Gruppensitzungen, können sie viel konkreter formuliert werden: selbstbewusstes Handeln, richtiges Zuhören, bessere Unterrichtsvorbereitung, bessere Unterrichtsauswertung. Die Erwartung, Fachwissen zu erwerben, hat sich nicht erfüllt: Intervision ist nun mal keine fachdidaktische Fortbildung. Aber die Tatsache, dass alle viel bewusster an ihre Arbeit herangehen, verbessert auch deren Qualität.

Über die Arbeit des Begleiters wird gesagt, dass seine Rolle wichtig sei, da er Struktur, Ruhe und seine Erfahrung in die Gruppe einbringe. Wenn es um die Einhaltung von Zeiten, um Anwesenheit und um die Hausaufgaben geht, ist er manchmal recht streng. Dann erinnert das Ganze an eine Schulung.

Ein zentrales Thema dieser Auswertung ist der Umgang der Teilnehmer mit den Hausaufgaben. Der eine erarbeitet umfangreiche Analysen, während ein anderer kaum etwas aufschreibt, aber die ganze Woche über intensiv nachdenkt. Ein Dritter hat ein starkes Bedürfnis nach theoretischem Hintergrundwissen, ein Vierter will jedes Mal Praxis bearbeiten.

Menschen lernen auf unterschiedliche Weise, und das muss in der Intervisionsgruppe so viel wie möglich berücksichtigt werden. Die Gruppenmitglieder sind sich auch klar darüber, dass in zehn Sitzungen nicht alles untergebracht werden kann.

Die Auswertung verdeutlicht, dass vor allem Defizite (das, was nicht gut läuft) beachtet werden. Den Kompetenzen (dem, was ich gut kann) wird dagegen wenig Aufmerksamkeit geschenkt. Der Begleiter schlägt vor, die Fähigkeiten der Teilnehmer in einer »Stärken-und-Schwächen-Analyse« zu untersuchen.

6. Sitzung

Stärken-und-Schwächen-Analyse

Alle Teilnehmer der Intervisionsgruppe hatten als Hausaufgabe, Stärken und Schwächen, die sie in ihrer Arbeit beeinflussen, aufzuschreiben. Zuerst stellt Marie-José ihre Selbstanalyse vor.

> »Ich interessiere mich sehr für meine Schüler. Da ich eine Mädchenhockeymannschaft im selben Alter trainiere, bin ich mit dieser Altersgruppe vertraut. Sowohl, was den Lehrstoff angeht, als auch im emotionalen Bereich versuche ich, die Schüler so individuell wie möglich zu behandeln. Ich mag mein Fach, ich denke, dass ich gut darin bin, und daraus beziehe ich mein Selbstvertrauen. Ich weiß einfach, worüber ich spreche.
> Ich halte mich für eine gute Kollegin: Ich bleibe eine Stunde länger, wenn es etwas Dringendes zu tun gibt, kümmere mich um die Organisation der Schülerpraktika und diskutiere gern mit Kollegen. Ich bin einigermaßen stressresistent, fröhlich und freundlich. Das ist eigentlich eine ganze Menge, und es fällt mir auf, dass ich trotzdem wenig stolz auf meine Arbeit bin. Das wäre also schon ein Punkt auf der negativen Seite. Wo habe ich au-

ßerdem Schwierigkeiten? Mit den zu großen Klassen, natürlich: Wie kann ich alle zur Mitarbeit bewegen? Wie gestalte ich meinen Unterricht interessant? Ich merke, dass ich mit meiner akademischen Ausbildung zu wenig didaktische Fähigkeiten habe um das, was ich weiß, allen Schülern zu vermitteln. Ich bin vielleicht auch zu locker, das irritiert möglicherweise manche Schüler und Kollegen. Oft bin ich mir nicht sicher, wie ich mich als junge Lehrerin verhalten soll.«

Auswertung
Die übrigen Gruppenmitglieder erzählen nur kurz von ihren Stärken und Schwächen. In der Gruppe entsteht so das Gefühl, einander besser kennen zu lernen. Auf einige der angesprochenen starken bzw. schwachen Punkte reagieren die anderen Teilnehmer.

»Ich war noch sehr auf Orientierungssuche«, sagt Marie-José am Ende der Sitzung, »aber offenbar gehöre ich schon viel mehr zum Team, als mir selbst bewusst war.«

Durch das Feedback der Gruppe kann also jeder Teilnehmer erkennen, dass er mehr positive Eigenschaften hat, als er anfangs dachte. Es wird vereinbart, in der nächsten Sitzung eine Profilbeschreibung zu machen.

7. Sitzung

Profilbeschreibung
Die Profilbeschreibung hat zum Ziel, die Stärken und Schwächen einer Person mit ihren Problemen in Zusammenhang zu bringen, um so herauszufinden, wie man die starken Seiten zur Problemlösung nutzen könnte. Gleichzeitig kann man Schwächen erkennen, die einer Lösung im Wege stehen, und wo positive Veränderungen nötig sind. Gerards Profilbeschreibung beginnt mit der Darstellung seines Problems.

»In meiner Klasse gibt es ein Mädchen, dem es immer wieder gelingt, durch negatives Verhalten Aufmerksamkeit auf sich zu ziehen. Sie ist Marokkanerin, spricht aber fließend unsere Sprache. Häufig schwänzt sie den Unterricht, kommt nicht zu den

Klassenarbeiten, hat Streit mit Mitschülern und dergleichen. Dann wieder kommt sie zu mir und erzählt, wie schwer sie es zu Hause hat – ob ich ihr nicht helfen könne? Letztens fing sie mitten im Unterricht an zu hyperventilieren. Ich war total geschockt. Eine halbe Stunde war ich mit ihr beschäftigt – von Unterricht war natürlich keine Rede mehr. Ich weiß wirklich nicht, wie ich damit umgehen soll: Hat ihre ganze Problematik mit ihrer Situation als Ausländerin zu tun, oder macht sie sich über mich lustig und will im Grunde nur meine Aufmerksamkeit?«

Meine Arbeitssituation
»Ich bin Lehrer für Wirtschafts- und Verwaltungskunde. Dies ist meine erste feste Stelle, nachdem ich immer wieder Vertretungen gemacht hatte. Ich gebe ungefähr 20 Stunden Einführung in die Verwaltungskunde und habe ca. 60 Prozent ausländischer Schüler in der Klasse. Außerdem bin ich in einer meiner Klassen Beratungslehrer.«

Meine Stärken
»Mir macht es Spaß, intensiv zu arbeiten und ich mag meine Schüler. So gesehen geht es mir eigentlich gut. Aber die Klasse ist nicht einfach. Es gibt große Niveauunterschiede, und ich muss meinen Unterricht immer sehr sorgfältig vorbereiten. Aber ich glaube, dass ich es recht gut mache. Meine Schüler sind mir sehr wichtig und ich hoffe, dass sie später einen guten Arbeitsplatz finden, eine Ausbildung machen können oder vielleicht auf eine weiterführende Schule wechseln.«

Meine Schwächen
»Ich habe sehr viel Arbeit, was auch damit zusammenhängt, dass es wenig geeignetes Material gibt. Alle reden von Individualisierung des Unterrichts und offenen Lernformen, aber ich muss morgen wieder in einer viel zu großen Klasse unterrichten. Meine Schwäche ist, dass ich nicht alles perfekt mache. Ich gehöre auch noch nicht richtig zum Team, bin noch zu sehr mit mir selbst beschäftigt und habe noch keine Freunde an der Schule.

Manchmal ist der Umgang mit den Schülern schwierig. Ich bin jung, sie provozieren mich, testen mich – was sie eigentlich nötig hätten, wäre Ordnung und Disziplin. Aber das ist nicht so mein Ding. Und von der Ausländerproblematik weiß ich wenig.«

Zusammenhänge
»Die Problematik ausländischer Schüler ist eine sehr spezielle, glaube ich. Für mich ist das eine fremde Welt, und das macht mich unsicher. Es spricht vielleicht für mich, dass ich sehr an diesen Schülern interessiert bin und ganz gut mit ihnen zurecht komme.

Ein zweiter Zusammenhang, den ich sehen muss, ist der zwischen meinem Streben nach Perfektion und der alltäglichen Realität meines neuen, anspruchsvollen Arbeitsplatzes. Meine Arbeit ist eine Art Survival-Training, bei dem ich lernen muss zu akzeptieren, dass ich nicht alles auf einmal schaffen kann. Und last but not least brauche ich den Kontakt zu meinen Kollegen – die Grundvoraussetzung für gutes Arbeiten.«

Auswertung
»Die Profilbeschreibung wirft ein neues Licht auf meine Möglichkeiten zur Problemlösung. Es geht im Grunde darum, das Wesen des ›Mensch-Seins‹ und des ›Mensch-Seins am Arbeitsplatz‹ zu untersuchen. Die Profilbeschreibung bringt mich an die Kernfragen, vor denen ich als Lehrer und als Mensch stehe. Es war mir vorher nicht klar, wie wichtig es ist, in mein Team ›hineinzuwachsen‹.«

Weitere Planung
Die Gruppe braucht noch eine Sitzung, um das ganze Material, das durch die Profilbeschreibungen auf den Tisch gekommen ist, zu bearbeiten. Margret stellt sich als Gesprächsleiterin für das nächste Mal zur Verfügung.

8. Sitzung

Auswertung des Begleiters (Tagebuch)
Margret war heute Nachmittag Gesprächsleiterin, und sie hat es gut gemacht. Wenn nötig, hat sie nachgefragt, sie ging auf die Berichte

ein und ließ jeden Teilnehmer zu Wort kommen. Sie bekam dann auch viele positive Rückmeldungen, auf die sie sehr stolz war.

Die Sitzung war gut, aber anstrengend. Kein Wunder, dass der Wunsch laut wurde, die nächste Sitzung etwas spielerischer zu gestalten. Wir werden unter Marie-Josés Anleitung malen.

9. Sitzung

Übung

Marie-José hat Papier und Stifte mitgebracht und lässt die Gruppenmitglieder einen Comic über ihre »persönliche Lerngeschichte« zeichnen. Sie legt Musik auf und die Teilnehmer gehen jeder für sich an die Arbeit. Es herrscht eine entspannte Atmosphäre, die nur ab und zu durch leises Mitsummen oder eine Bemerkung unterbrochen wird.

Jeder Teilnehmer soll aufzeichnen, wie sich der gesamte Prozess seines Lernens Schritt für Schritt entwickelt hat. Marie-José stellt den Teilnehmern Fragen: »Wie habt Ihr in der Grundschule gelernt? Und wie später? Was hat Euch gefallen, angeregt, was fandet Ihr sterbenslangweilig?« Es entstehen sehr unterschiedliche Bilder-Geschichten, in denen sich andere dennoch manchmal wieder erkennen. Die Bilder werden mit großer Heiterkeit angeschaut.

Marie-José bittet die Gruppe um Ruhe und befragt jeden Einzelnen zu den Hintergründen seines Comics. Die wichtigsten Punkte notiert sie an der Tafel und erstellt so für jeden ein »Lernprofil«. Die Teilnehmer können es anschließend korrigieren und ergänzen. Zum Schluss vergleicht sie die einzelnen Ergebnisse mit dem Lernzyklus von Kolb (siehe Kapitel 2.3).

Zentrales Thema

Marie-José erzählt, dass sie sich sehr stark mit den unterschiedlichen Arten des Lernens ihre Schüler beschäftige. Welche Arten gibt es? Wie kann man darauf eingehen? Diese Überlegungen helfen ihr dabei, ihren Unterricht besser vorzubereiten und ihre eigene Art des Lernens besser zu begreifen. Die anderen teilen ihr Interesse an diesem Thema. »Schon verrückt, dass wir uns nicht eher damit beschäftigt haben«, seufzt Margreet, »dabei ist das so wichtig!«

Vorbereitung der zehnten Sitzung
Im Anschluss bespricht der Begleiter die zehnte und letzte Sitzung, in der es um die Schluss-Auswertung gehen wird. Er hat eine Liste allgemeiner Fragen zum Verlauf des gesamten Zyklus ausgearbeitet, wünscht sich aber darüber hinaus einen etwas persönlicheren Abschluss. »Wie wär's mit Pizzaessen!«, schlägt John vor, aber der Begleiter hat sich etwas anderes vorgestellt. Er bittet jeden Einzelnen, über ein anderes Gruppenmitglied zu sprechen: Wo liegen seine/ihre Stärken, was hat er/sie im Lauf der Intervision gelernt, was muss er/sie noch lernen? Eine Feedback-Übung zum Abschluss. Und danach natürlich Pizzaessen.

10. Sitzung

Für die Schlussauswertung wurden einige Punkte von der Checkliste aus Kapitel 3.5 dieses Buches verwendet.

Überprüfung der Zielsetzungen
Die Teilnehmer erlebten die Intervision als lehrreich, vor allem in Bezug auf das eigene Verhalten am Arbeitsplatz. Sie betrachten den eigenen Unterricht und das organisatorische Drumherum jetzt mit geschärftem Blick. Es fällt jetzt leichter, um Hilfe zu bitten oder ein Gespräch anzufangen. Die Erfahrung der Intervision wirkt inspirierend und erfrischend. Auch von den Kollegen kann man vieles lernen. Man erkennt klarer, was eine Organisation leisten kann und was nicht. Eine derart offene Haltung macht es leichter, Kritik anzunehmen.

Verhaltensänderungen sind schwer zu definieren, aber die Teilnehmer haben das Gefühl, jetzt »anders« und »besser« zu arbeiten, selbstständiger, bewusster, besser vorbereitet, effizienter und offener.

Beurteilung des Prozessverlaufs
Die Gruppenmitglieder haben gut zusammengearbeitet, »in guten wie in schlechten Zeiten«. Eine kollegiale Gruppe.

Die Hausaufgaben hatte sich niemand so umfangreich und anspruchsvoll vorgestellt. Der Druck durch die Gruppe war ein Ansporn, durchaus ein positiver Effekt. Die Teilnehmer haben Dinge gelernt wie: Zuhören, Einander-ausreden-Lassen, Nachfragen, klar Formulieren, nicht Nörgeln und Jammern.

Zeitweise hat die Arbeit in der Gruppe richtig Spaß gemacht. Kontakte untereinander und Freundschaften sind entstanden. In einer so kleinen Gruppe kann man Reibungspunkte gut besprechen, jedem wird Beachtung geschenkt. Diese Erfahrungen übertragen sich auf die berufliche Situation und manchmal auch auf das Privatleben.

Bewertung der organisatorischen Voraussetzungen
Rückblickend war die Vorabinformation nicht ausreichend. Andererseits ist es für viele auch schwer vorstellbar, wie so eine Intervisionsgruppe in der Praxis arbeitet.

Verpflichtung zur Intervision für jeden Berufsanfänger scheint gerechtfertigt, löste dennoch viele Widerstände aus, weil Intervision neu und ungewohnt war. Zehn Sitzungen sind fürs Erste ausreichend. Die Gruppe kann sich später für eine Fortsetzung entscheiden. Der Kaffee war hervorragend!

Beurteilung des Begleiters
Der Begleiter hat viel Sachkenntnis und Erfahrung eingebracht. Das gab der Gruppe Ruhe und Struktur. Manchmal stellte er recht hohe Anforderungen, aber das brachte dann auch viel. Er hatte viel Erfahrung in der Arbeit mit Gruppen, ist aber auch in der Lage, die Gruppe sich selbst zu überlassen. Ein bisschen mehr Abwechslung bei den Arbeitsmethoden wäre schön gewesen. Die größte Stärke des Begleiters ist seine Verschwiegenheit.

Fortsetzung
Die Gruppe hat beschlossen, ohne Anleitung noch ein Jahr weiterzumachen. Die Teilnehmer trauen sich das zu, sofern die Möglichkeit besteht, sich ab und zu mit dem Begleiter zu verständigen. Die Gruppe hat noch vieles zu besprechen.

Der Begleiter steht der Idee positiv gegenüber. Er rät dazu, die erste Sitzung im neuen Schuljahr dafür zu nutzen, wichtige Punkte für den weiteren Intervisionsprozess zu sammeln.

Auf Grund der Erfahrungen während des ersten Zyklus' hat die Gruppe ein starkes Interesse daran, Verhaltensweisen zu trainieren, die bei der Lösung konkreter Probleme nützlich sind. Außerdem besteht großes Interesse am Thema »Arten des Lernens«, was auch zum Leitthema werden kann. Es ist gut, wenn der Begleiter sich für eventuelle Hilfestellung im Hintergrund zur Verfügung hält.

4.3 Begleitete Intervision für Lehrer mit langjähriger Berufserfahrung

Situation
Das Durchschnittsalter der Lehrer steigt und auch die daraus resultierenden Probleme (Prick 1992). Prick unterscheidet Lehrer zwischen Mitte dreißig und Mitte vierzig, die unzufrieden mit ihrer beruflichen Situation sind und eigentlich lieber etwas anderes tun wollen; Lehrer, die mit ihrer Arbeit nicht gut zurechtkommen, aber auf gar keinen Fall einen anderen Beruf oder eine andere Stelle wollen.

Die erste Gruppe braucht Berufsberatung oder ein Projekt zum Berufswechsel (Outplacement). Für die zweite Gruppe könnte Intervision hilfreich sein. Koster (1996) unterscheidet in solchen Fällen die folgende Problembereiche:

- Konflikte bei der Arbeit;
- private Probleme;
- einschneidende Veränderungen der Arbeitssituation;
- eigene Entscheidungen, die sich als falsch erweisen.

Koster geht davon aus, dass die Probleme älterer Lehrer besonders komplex und kompliziert sind. Das sei bisher zu wenig berücksichtigt worden. Er führt einige der Faktoren auf, die die Situation älterer Lehrer so kompliziert machen:

- sie arbeiten mit allzu eingefahrenen Routinen, die nicht mehr adäquat funktionieren;
- sie haben nicht gelernt, über Probleme zu sprechen;
- sie geben der Organisation, den Vorgesetzten oder dem Staat die Schuld an ihrer Situation und vermeiden damit, sich selbst zu hinterfragen;

- sie haben das Gefühl, zu versagen, finden aber keine Alternative;
- sie fühlen sich unter Druck, alleingelassen und unverstanden;
- in ihren Klassen gibt es feste und schwer aufzubrechende Verhaltensmuster.

Das alles führt zu einem psychologischen Dilemma: Hilfe zu akzeptieren setzt voraus, dass die Betroffenen bereit sind, die Ursachen ihrer Probleme wenigstens zum Teil bei sich selbst zu suchen. Dies ist bei älteren Lehrern selten der Fall. Die meisten glauben eben, dass die Gründe für die Probleme, mit denen sie als Lehrer konfrontiert werden, vor allem von äußeren Faktoren beeinflusst werden, von der Schulleitung, der sich verändernden Schülerschaft, der häuslichen Situation der Schüler, der Gesellschaft, der Politik etc. (Prick 1992).

Vor diesem Hintergrund hat sich eine Gruppe von Lehrern zusammengetan, um über ein Thema zu sprechen, das ihre spezifische Lebensphase betrifft.

1. Sitzung

Eine Gruppe von sechs Lehrern hat sich für die begleitete Intervision zum Thema: »Midlife und was weiter?« zusammengefunden. Während der ersten Sitzung sondiert der Begleiter gemeinsam mit der Gruppe die Gründe für die Teilnahme und die Erwartungen, die jeder mitbringt. Die Erwartungen sind nicht allzu hoch gesteckt. Man ist noch vorsichtig, eher defensiv. Eins ist sicher: alle sechs haben das Bedürfnis, miteinander über berufliche Dinge zu sprechen, um ihre Arbeit vielleicht mit anderen Augen sehen zu können.

Zunächst ist jeder der sechs an der »Lebensgeschichte« der anderen interessiert. Später kommt das Gespräch auf die Schüler, die tägliche Arbeitspraxis. »Ich mache nur noch Routinearbeit«, stellt ein Teilnehmer fest. »Es geht alles prima«, sagt ein anderer, »aber ich muss mich doch besser auf die neue Schülergeneration einstellen.« Nach einer diesbezüglichen Frage des Begleiters bekennen alle offen ihre Tendenzen, die Schuld auf äußere Faktoren abzuwälzen: auf die leidigen Vorgesetzten oder die dummen Schüler.

Nach einem zweistündigen intensiven Gespräch wird beschlossen, dass je zwei Teilnehmer gegenseitige Unterrichtshospitationen organisieren sollten. Alle sind von diesem konkreten Vorhaben begeistert, finden es aber auch etwas bedrohlich. Man vereinbart, dass die Hospitationen in den nächsten zwei Wochen stattfinden sollen.

Zur Vertiefung der Informationen und Beobachtungen ist nach jeder Hospitation einen schriftliches Protokoll anzufertigen. Darin soll auf Form und Inhalt der Stunde eingegangen werden. Der Bericht soll so vollständig wie möglich sein, um alle Informationen auswerten zu können und nichts zu vergessen.

2. Sitzung

Zwar gab es einige stundenplantechnische Probleme, aber schließlich haben alle Zweiergruppen sich gegenseitig im Unterricht besucht. Die Teilnehmer reagierten alle ungefähr folgendermaßen: Wir haben uns sowohl bei der Vorbereitung als auch während der Stunde sehr angestrengt, um einen guten Unterricht zu zeigen. Es ist recht gewöhnungsbedürftig, dass ein Kollege mit in der Klasse sitzt! Der Begleiter stellt die Aufgabe, in den Hospitations-Protokollen offene Fragen und wichtige Punkte zu markieren. Anhand dieser Markierungen soll jeder von seinem Partner möglichst viele Fakten erfragen, objektiv und ohne zu interpretieren.

Eine Schlussfolgerung dieser Sitzung ist, dass sachliches Nachfragen nach dem Was und Warum des miterlebten Unterrichts nicht leicht ist, aber viele ergänzende und interessante Informationen liefert.

Die Aufgabe für die nächste Unterrichtshospitation lautet: Lege zwei oder drei zentrale Themen deiner Unterrichtspraxis fest, die in der Gruppe eingehender besprochen werden sollten. Bei der Hospitation sind diese Aspekte dann besonders zu beachten.

3. Sitzung

Die Zweiergruppen haben eine Stunde Zeit, um über die zentralen Themen der Unterrichtsbeobachtung zu sprechen. Anschließend werden die Themen in der Gesamtgruppe besprochen. Gemeinsam wird nach Übereinstimmungen und Unterschieden gesucht. Eine Zweiergruppe beschließt, bei der nächsten Hospitation eine Videoaufnahme zu machen, um bestimmte Verhaltensweisen genauer untersuchen zu können.

Die Aufgabe für die dritte Hospitation lautet: »Achte darauf, wie mit der Unterschiedlichkeit der Schüler umgegangen wird.«

4. Sitzung

Auf der Tagesordnung stehen:
- Erkenntnisse aus den bisherigen Hospitationen,
- Auswertung des bisherigen Intervisionsprozesses,
- zukünftige Arbeitsschritte.

Die Gruppe beschließt, ein zentrales Problem jedes einzelnen Teilnehmers zu vertiefen. Dann wird lange über die Frage diskutiert, ob die Zweiergruppen wechseln sollen oder nicht. Am Ende entscheidet man sich dafür, die Zweiergruppen beizubehalten, weil zwei, die sich gut kennen, gemeinsam bessere Lernerfolge haben. Eine der Gruppen fragt an, ob der Begleiter bei der Hospitation assistieren könne.

5. Sitzung

Die Ergebnisse der »vertieften Hospitation« werden besprochen; zuerst in Zweiergruppen, dann mit allen. Außerdem beschließt man, die letzte Sitzung für eine Abschlusspräsentation der Kleingruppen zu verwenden. In dieser Präsentation soll es um die Frage gehen: Was hat jeder Einzelne durch das Intervisionsprogramm gelernt, was will er zukünftig lernen oder tun, um anders bzw. besser arbeiten zu können.

Die sechs Teilnehmer vereinbaren, die Präsentationen auf spielerische Weise der Gesamtgruppe vorzustellen.

6. Sitzung

Die Präsentationen sind kreativ und spielerisch. Eine Zweiergruppe hat ein Märchen über Lehrerverhalten und Führungsstile geschrieben, eine Zweite hat einen Videofilm zum Thema: »Die ideale Unterrichtsstunde« gemacht, die Dritte kommt mit einem Quartettspiel über »die größten annehmbaren Patzer eines Lehrers«.

Die Teilnehmer sagen, dass die dem Coaching vergleichbare Intervisionsmethode anregend gewirkt habe, dass neue Wege für die Unterrichtsgestaltung aufgezeigt und die gegenseitigen Beziehungen gestärkt wurden. Endlich sei einmal wieder über das Wesentliche gesprochen worden: über die Schüler und die Qualität des Unterrichts.

4.4 Begleitete Intervision für das Management

Manager stellen wir uns im Allgemeinen als sehr beschäftigte Leute vor, die es immer eilig haben. Sie denken und reden mit wirtschaftswissenschaftlichen Begriffen, planen langfristig und handeln meist aus finanziellen Beweggründen. Sie leiten, denken und treffen Entscheidungen, weit entfernt von der Praxis. Nie nehmen sie sich die Zeit zur Reflexion ihres eigenen Tuns.

Schwarzweißbilder.

Genauso wahr ist, dass viele der heutigen Manager eine Menge Zeit in Entspannung, Meditation (Zen), Stressbewältigung und in die Suche nach neuer Inspiration und Energie investieren. Sie beschäftigen sich mithilfe von Coaching und Supervision mit ihrem eigenen Verhalten. In neuen Managementkonzepten ist viel die Rede von intuitivem Management, Personalentwicklung, Selbststeuerung, Kontextmanagement und dergleichen (Verhoeven 1995).

Die folgende Prozessbeschreibung zeigt, dass begleitete Intervision auch im Managementtraining ihren Platz hat.

1. Sitzung

Auftragsklärung

In der ersten Sitzung geht es um die intensive Untersuchung der Arbeitssituation jedes Teilnehmers und um seine vordringlichen Probleme. Die Gruppe aus acht Mitgliedern des mittleren Managements kommt aus unterschiedlichen Einrichtungen, und muss sich erst kennen lernen. Jeder Teilnehmer bekommt zuerst die Möglichkeit, das Wichtigste über sich mitzuteilen. Der Begleiter plant für diesen Informationsaustausch viel Zeit ein. Zur Vorbereitung und als Übergang zur nächsten Sitzung übt die Gruppe (schriftlich) das kurze, genaue Formulieren von Problemen. Am Anfang gelingt das wahrscheinlich noch nicht ganz.

Hausaufgabe: Führen Sie ein Tagebuch über die Sitzungen (jedes Mal max. eine Seite). Inhalt dieses Tagebuchs soll sein:

- Arbeitsmethoden;
- Strukturierung;
- besondere Beobachtungen;
- Lernerfahrungen;
- Fragen, Bemerkungen.

2. Sitzung

Probleme methodisch lösen

Zu Anfang des Prozesses besteht großes Bedürfnis nach Struktur (das bringt Klarheit und nimmt Ängste). Darum erarbeitet die Gruppe in der zweiten Sitzung nach methodischen Vorgaben die Lösung eines beruflichen Problems.

Die beruflichen Probleme werden mithilfe der Vorgabe: »Letzte Woche stand ich vor folgender Situation ...« formuliert. Relativ übersichtliche Probleme sollen in jeweils maximal fünf Sätzen vorgestellt werden. Mithilfe des Selbstintervisionstests (Kapitel 3.4.2) kann die Gruppe herausfinden, inwieweit sie bereit ist, lösungsorientiert und selbstverantwortlich zu arbeiten.

Beim nächsten Mal möchte die Gruppe praktische Erfahrungen exemplarisch mit der Ereignismethode (Kapitel 5.1.1) sammeln.

3. Sitzung

Ereignismethode üben

Es besteht der Wunsch, die leicht anzuwendende Ereignismethode zu erproben. Das geschieht in Vierergruppen, die jeweils von einem Teilnehmer angeleitet werden. Da zweimal zwei parallele Sitzungen von jeweils einer Stunde durchgeführt werden, kann die Hälfte der Gruppe das Thema: »Hör dir an, was mich beschäftigt« als Begleiter mit ihren Kollegen bearbeiten. Es wird intensiv gearbeitet, und alle profitieren vom doppelten Lernerfolg – als Begleiter und als Teilnehmer.

Hausaufgabe: Erstelle eine Kräfte-im-Feld-Analyse (siehe Kapitel 5.1.2)

4. Sitzung

Besprechung der Kräfte-im-Feld-Analysen
Die Analysen der Teilnehmer werden erst gelesen und anschließend besprochen. Die Gruppenmitglieder fragen einander: Was sind deinen Stärken und Schwächen? Wie äußern sie sich? Wie siehst du das selbst und wie sieht dich die Gruppe? Das Lernziel lautet: Die Problemlösung beginnt bei dir selbst.

Im zweiten Teil werden die vorgeschlagenen Lösungsstrategien intensiver besprochen. Eine Lösung auszudenken ist eine Sache, sie auch zu realisieren eine andere.

Hausaufgabe: Plane anhand des Gesprächs Schritte zur Lösung deines Problems.

5. Sitzung

Themenzentrierte Interaktion
Jetzt, da die Gruppe vertrauter miteinander ist, wächst das Bedürfnis nach mehr Gelegenheit, »mit den Füßen auf dem Tisch« miteinander zu reden, also nach etwas weniger Struktur. Man beschließt, nach dem Modell »Themenzentrierte Interaktion« zu arbeiten. Dabei soll sowohl das individuelle Problem eines Teilnehmers als auch die Bedeutung dieses Themas für die Gruppe untersucht werden. Thema ist das eher private Problem eines Teilnehmers.

Hausaufgabe: Auswertung der bisherigen fünf Sitzungen und Formulierung der eigenen Lernbedürfnisse für weiteren Sitzungen. Stichworte dazu:

- Was lerne ich hier?
- Wie lerne ich hier?
- Was will ich noch dazulernen?

6. Sitzung

Zwischenauswertung
Zuerst geht es um die Lernbedürfnisse. Wollen die Teilnehmer:
- weitere Methoden erlernen?
- Selbst Erfahrungen sammeln, selbst Sitzungen vorbereiten und anleiten?
- Vorschläge zur Problemlösung weniger sachlich und allgemein halten, sondern stärker auf die konkreten Personen eingehen?

Man verständigt sich auf die Punkte 1 und 2 und vereinbart, dass die folgenden Sitzungen reihum jeweils von einer Zweiergruppe vorbereitet und geleitet werden.

7. Sitzung

Alltägliche Probleme
Als Thema wurde formuliert: »Das mittlere Management zwischen zwei Stühlen«. Das Gefühl kennen alle! Der Teilnehmer, der das Thema vorbereitet hat, leitet anfänglich auch die Kräfte-im-Feld-Analyse. Da jedoch sein eigenes Problem behandelt wird, wird er zunehmend stärker hineingezogen. Es wird unterbrochen, um die Gesprächsleitung zu wechseln. Der Partner aus der Zweiergruppe übernimmt, damit der bisherige Gesprächsleiter an seinem Problem arbeiten kann.

Der Begleiter lenkt aus dem Hintergrund den Gesamtprozess. Der Eingriff war notwendig, da man ein Gespräch über ein eigenes Problem nicht leiten sollte. Der Partner macht seine Sache gut.

8. Sitzung

Meine Vision vom Lernen
Thema:
»Wie sollen Schüler meiner Ansicht nach lernen? Wie habe ich selbst gelernt?«

Die Gesprächsleiter ließen die Teilnehmer zwei Bildergeschichten malen. Eine über ihr Lernen in der Kindheit (mit allen guten und weniger guten Aspekten), die andere darüber, wie sie zukünftig gern lernen (lassen) würden. Nach der Besprechung verschiebt sich der Schwerpunkt auf das Thema: »Wie kann ich mein Lern-Ideal realisieren?« Wunderbare Comics!

Der Begleiter ist in dieser Sitzung vor allem Teilnehmer. Die Gruppe nimmt die Intervision selbst in die Hand. Die Teilnehmer fragen nach Rahmen, Theorie, weiteren Methoden – kurzum: sie wünschen sich für das nächste Mal eine theoretische Einführung in die Methoden der Intervision, um sie später selbstständig in der eigenen Arbeitssituation anwenden zu können.

Hausaufgabe: Texte über Intervision lesen.

Wieder werden Zweiergruppen gebildet. Jede bereitet einen Teil dieser Theoriesitzung vor.

9. Sitzung

Seminar

Nach dem theoretischen Vortrag des Begleiters wird das Gehörte anhand praktischer Beispiele und Erfahrungen aller Teilnehmer diskutiert. Wenn nötig gibt der Begleiter vertiefende Informationen. Die Teilnehmer waren gut vorbereitet!

Hausaufgabe: Eine Auswertung des Intervisionsprozesses erstellen und beim nächsten Mal mitbringen.

10. Sitzung

Auswertungen

1) Auswertung der Gruppe
   - Lernerfolg
   - Praxisrelevanz
   - persönliche Erfahrungen
   - Vorsätze
   - Bedürfnisse, Wünsche, Fragen

Am Ende entsteht eine lebhafte Diskussion über eine gemeinsame Einschätzung des gesamten Intervisionsprozesses. Das Vorhaben scheitert wie üblich an der Frage, wer welche Aufgabe übernehmen will. Natürlich haben alle schrecklich viel zu tun!

Es wird vereinbart, nach drei Monaten noch einmal über das Thema: »Welche meiner Vorsätze habe ich ausgeführt?« zu sprechen.

2) Auswertung des Begleiters
   - Es gab ein Grundschema für den Ablauf der Sitzungen, aber wenn die Gruppe es wollte, waren auch Abweichungen möglich. Die Frage nach der Theoriesitzung kam für den Begleiter überraschend, aber warum sollte nicht auch das dazugehören?
   - Die Teilnehmer müssen eine echte Gruppe werden, bevor der Begleiter sich zurückziehen kann.
   - Hausaufgaben stellen und »kontrollieren« ist nicht immer angenehm. Diese Gruppe aber war so motiviert, Tagebuch zu führen und ihre Erfahrungen einzubringen – das hat es dem Begleiter leicht gemacht.
   - Das Erlernen problemlösender Methoden kann zu einem Selbstzweck werden, wodurch die Aufmerksamkeit für die tatsächlichen Probleme leicht in den Hintergrund treten kann.

4.5 Zusammenfassung

Zu Beginn der Intervisionstreffen lernt die Gruppe, mit einer effektiven Problemlösungsstruktur zu arbeiten. Dafür werden oft die Ereignismethode und die Stärken-Schwächen-Analyse angewandt.

Beide Methoden sind für die »Aufwärmphase« einer Gruppe gut geeignet. Wenn die Gruppe vertrauter miteinander ist, können Übungen zur Gesprächsleitung, Hausaufgaben und die Arbeit mit Gruppenthemen folgen. Eine Gruppe, die sich für ihren eigenen Lernprozess verantwortlich fühlt, wird auch auf die zu behandelnden Themen Einfluss nehmen. Ein guter Begleiter wird sein Programm je nach den Bedürfnissen der Gruppe variieren. Er sollte aber nötigenfalls auch Grenzen zeigen. Begleitete Intervision kann auch problemlos andere Methoden wie beispielsweise das Coaching einbeziehen, wenn es die realistische Problembearbeitung erfordert.

Begleitete Intervision gibt einer Gruppe Struktur, Sicherheit und Gemeinsamkeit, und das trägt dazu bei, optimale Lernergebnisse zu erreichen.

5. Übungen

»Als ich den Gang entlang gehe, kommt mir einer meiner Leute entgegen. ›Guten Morgen. Haben Sie eine Minute Zeit für mich? Wir haben da ein Problem.‹
Ich muss mich um die Probleme meiner Mitarbeiter kümmern, also bleibe ich stehen und höre zu, wie er mir die Sache detailliert auseinandersetzt. Ich bin ganz Ohr, und da das Lösen von Problemen zu meinen Spezialgebieten gehört, verfliegt die Zeit. Als ich nach fünf Minuten auf die Uhr sehe, ist schon eine halbe Stunde vergangen.
Ich bin gerade unterwegs zu einer Verabredung und werde mich wegen dieses Gesprächs verspäten. Ich habe genug über das Problem gehört, um zu wissen, dass ich mich darum kümmern muss, aber zu wenig, um sofort eine Entscheidung treffen zu können. Also sage ich: ›Das ist eine wichtige Frage, aber im Moment habe ich keine Zeit, um weiter mit Ihnen darüber zu reden. Ich werde mir etwas überlegen und lasse es Sie dann wissen.‹ So gehen wir auseinander.
Was ist hier passiert?
Bevor wir uns in diesem Gang trafen, saß der Affe (das Problem, d.V.) auf dem Rücken meines Mitarbeiters. Während wir da standen und redeten, waren wir beide mit der Sache beschäftigt, also saß der Affe mit jeder Pfote auf einem Rücken. In dem Moment aber, als ich sagte, ich würde darüber nachdenken, sprang der Affe mit allen Pfoten vom Rücken des Mitarbeiters auf meinen, und der Kollege ging ein paar Kilo leichter seiner Wege.«

(Aus: Kenneth Banchard u.a., De one-minute-manager en de apenrots [Der Eine-Minute-Manager und der Affenfelsen]. In: Peter Camp/Funs Erens, De gekookte kikker: 109 managementmetaphoren [Der gekochte Frosch: 109 Management-Metaphern] Rotterdam 1984)

Über die Funktion dieses Kapitels

In der Praxis der begleiteten Intervision hat sich eine Anzahl von Übungen als brauchbar erwiesen. Der Begriff »*Übung*« wird hier als Sammelbegriff für eine Vielzahl von Methoden, Modellen, Arbeitsweisen und Hilfsmitteln verwendet.

Im Rahmen dieses Buches arbeite ich mit drei Arten von Übungen:
- Übungen zur Lösung von Problemen,
- Übungen zur Klärung von Problemen,
- Übungen zur Analyse von Problemen.

Ein großer Teil der folgenden Übungen zur Lösung von Problemen sind bereits in meinem Buch »Intervision bei beruflichen Problemen« ausführlich behandelt worden.

5.1 Übungen zur Lösung von Problemen

5.1.1 Die Ereignismethode

Ziele
- sich genauer mit einem beruflichen Problem auseinandersetzen
- sich in die Situation anderer versetzen zu können
- Formulierung verschiedener Lösungsmöglichkeiten

Typische Probleme
- ein Problem aus der Arbeitssituation, welches alle Gruppenmitglieder nachvollziehen können
- ein Problem, das sich auf die Vergangenheit bezieht (ohne dass man den gesamten Zusammenhang erläutert) oder auch auf Gegenwart und/oder Zukunft

Phasen
- Einführung und Auswahl der Problemsituationen (20 Min.)
- Erläuterung des ausgewählten Problems (2 Min.)
- ungeklärte Fragen aufschreiben (5 Min.)

- Informationsrunde (15 Min.)
- Situationsanalyse (10 Min.)
- Einschätzungen (Beratung) durch der Gruppe (15 Min.)
- Was tut die Person, deren Problem besprochen wird, was hat sie schon getan? (5 Min.)
- Abschließende Diskussion (10 Min.)
- Auswertung (10 Min.).

Arbeitsweise
Die Ereignismethode ist eine sehr strukturierte Methode, die besonders gut in Anfängergruppen funktioniert. Die Struktur gibt Klarheit und Vertrauen. Die Problemauswahl und -bearbeitung finden auf sicherem Terrain statt und kommen auch Menschen ohne viel Erfahrung mit Gruppenlernen nicht zu nahe.

Regeln
- Der Begleiter strukturiert und leitet das Gespräch; später kann ein Teilnehmer diese Aufgabe übernehmen.
- Die zu bearbeitende Problemsituation muss real und noch einigermaßen aktuell sein.
- Die Situation soll ein für die Gruppe nachvollziehbares Ereignis aus der Berufspraxis sein.
- Der Teilnehmer, um dessen Problem es geht, sollte nicht Gesprächsleiter sein.
- Die Situation soll kurz und auf die Fakten beschränkt formuliert werden.
- Jedes Gruppenmitglied überlegt sich eine Problemsituation, schreibt sie auf und liest sie vor. Die Gruppe wählt anschließend das Problem aus, welches sie besprechen will.

Dauer: 1½–2 Stunden
Material: Papier und Stifte

5.1.2 Die Kräfte-im-Feld-Analyse

Ziele

- Analyse von die Veränderungen vorantreibenden bzw. Veränderungen behindernden Kräften.
- Klassifizierung dieser Kräfte nach ihrem möglichen Einfluss auf das zu erreichende Ziel.
- Formulierung von Lösungsmöglichkeiten, Erarbeiten eines Aktionsplans.

Typische Probleme

Verwickelte Probleme, die mehrere Ebenen bzw. Aspekte der Organisation betreffen.

Phasen

- Bearbeitbare Ziele (und Zwischenziele) der Problemlösung formulieren.
- Auflistung der vorantreibenden und der hindernden Faktoren in der gegenwärtigen Situation.
- Besprechen und ergänzen/streichen/verschieben dieser Faktoren in der Liste.
- Gegensätzliche Kräfte genauer analysieren unter den Aspekten:
  - Wichtigkeit
  - Schwierigkeit
  - Eindeutigkeit
- Auflistung der erforderlichen personellen Ressourcen und anderer Mittel.
- Entwurf eines Aktionsplans.
- Definition von Bewertungskriterien.

Ablauf

Die strukturierte Herangehensweise ermöglicht, strategisches Denken innerhalb der Organisation zu üben und herauszufinden, auf welche Weise komplexe Probleme am besten angegangen werden können. Besonders in Phase 4 können neue Gesichtspunkte und »blinde Flecken« gefunden werden, während man in Phase 5 zu einem realistischen Vorgehen gezwungen ist (vgl. Abbildung 6)

Regeln
Realistische Zielsetzungen hinsichtlich der zukünftigen, angestrebten Situation. Die Bewertungskriterien an den Zielsetzungen orientieren. Sich genug Zeit nehmen – es kann sein, dass zwei Sitzungen dafür nötig sind. Besonders wenn es um die Analyse der motivierenden Kräfte geht, braucht man Zeit.
Verhindern, dass die positiven Kräfte Gegenkräfte provozieren.

Dauer: 2–4 Stunden
Material: Papier und Filzstifte

	vorantreibende Kräfte	behindernde Kräfte
gegenwärtige Situation		
angestrebte Situation		

Abbildung 6: Kräfte-im-Feld-Analyse

5.1.3 Profilbeschreibung

Ziele
- Zu lernen, eigenes Verhalten in beruflichen Situationen wahrzunehmen.
- Die guten und weniger guten Seiten der eigenen Person in beruflichen Situationen erkennen.
- Verbesserungen der eigenen Möglichkeiten und Verhaltensänderungen erkennen können.

Typische Probleme: berufliche Probleme im Bereich individuellen Verhaltens.

Phasen
- schriftliche Beschreibung von Persönlichkeitsprofilen
- Besprechung der Profile
- Erkennen von Motivationen in den Bereichen:

  - Macht und Ohnmacht
  - Freiheit oder Angst
  - Rigidität oder Kreativität
  - Freude an der Arbeit oder Leistungsdruck
- Ergänzung der Profile
- Vertiefen der Profile auf der Basis von Meinungen und Überzeugungen

Arbeitsweise
Anhand folgender Gesichtspunkte sollen die Teilnehmer zu Hause ihr eigenes Profil aufschreiben:
- Beschreiben Sie Ihre problematische Situation.
- Beschreiben Sie Ihre Funktion.
- Beschreiben Sie Ihre Stärken.
- Beschreiben Sie Ihre Schwächen.
- Nutzen Sie Ihre Stärken zur Lösung des Problems.

Regeln
- Beschreiben Sie keine Idealvorstellungen.
- Schreiben Sie in der Ichform.
- Schreiben Sie konkret und verständlich.
- Beschreiben Sie Ihre Erfahrungen und Ihre Gefühle.
- Beschreiben Sie die Interaktionen mit anderen.
- Sprechen Sie genau ab, ob Sie ihre Profile untereinander austauschen wollen.

Dauer: Eine oder zwei zweistündige Sitzungen (je nach Vertiefung der Profile)
Material: Papier und Stifte; eventuell Flip-Chart. Die Texte müssen eventuell kopiert werden.

5.1.4 Themenzentrierte Interaktion

Ziele
- Miteinander einen Prozess des lebendigen Lernens organisieren.
- Das Gleichgewicht zwischen personenbezogenen, gruppenbezogenen und aufgabenbezogenen Lernelementen finden.

- Stärkung der eigenen Leitungskompetenz und der Eigenverantwortlichkeit für den Lernprozess und die Problemlösungen.

Für welche Problemtypen geeignet
Jedes aktuelle berufliche Problem. In einem späteren Stadium kann es auch um ein Gruppenproblem gehen, beispielsweise: einander zuhören lernen, Umgang mit nonverbaler Kommunikation, arbeiten in einer hierarchischen Organisation etc.

Phasen
- Themenvorstellung und Auswahl eines der vorgetragenen Arbeitsprobleme.
- Thematisierung des ausgewählten Problems.
- Besprechung des Themas (nachfragen, analysieren, beraten).
- Aus dem persönlichen Problem ein Gruppenthema machen.
- Abschluss; Auswertung.

Arbeitsweise
- Arbeiten an aktuellen, kurz formulierten Themen.
- Die Balance halten zwischen individuellem Lernen und Lernen in der Gruppe.
- Störungen vorrangig bearbeiten und in den Lernprozess integrieren.
- Aufgabenbezogen bleiben – es geht um Hilfe bei beruflichen Problemen.

Regeln
- Sprechen Sie in der Ichform.
- Nicht interpretieren oder verallgemeinern.
- Aufmerksam sein für nonverbale Signale.
- Versuchen Sie selektiv authentisch zu sein, d.h. zeigen Sie sich in dem, was Sie sagen oder tun, als Person, aber markieren Sie auch ihre Grenzen.
- Bleiben Sie im »Hier-und-Jetzt«.
- Sprechen Sie ab, wer die Gesprächsleitung übernehmen soll.

Dauer: 1–2 Stunden pro Sitzung
Material: je nach Vereinbarung und Arbeitsweise

5.1.5 Warm oder kalt

Ziele

- Intensive Problembearbeitung durch den Wechsel von Gespräch und Schreiben/Nachdenken.
- Analysen und Vorschläge schriftlich festhalten.

Typische Probleme

- komplexe Beratungssituationen

Phasen

- Die Person, um deren Problem es geht (Einbringer), skizziert die Situation.
- Die Gruppenteilnehmer notieren ihre Fragen. Später stellt jeder eine Frage von seiner Liste, die ihm am wichtigsten erscheint. Diese Fragen werden auf das Flip-Chart geschrieben (keine Diskussion).
- Der Einbringer bewertet die Fragen mit »warm«, »neutral«, »kalt« (warm bedeutet relevant und nahe dran am Problem). Er schreibt »w«, »n«, »k« hinter die Fragen und beantwortet sie dann.
- Offene Fragerunde für alle Teilnehmer. Alle Fragen, die für den Einbringer wichtig sind, werden zusätzlich auf das Flip-Chart geschrieben.
- Jeder Teilnehmer vervollständigt nun schriftlich den Satz : »Sein Problem ist …«. Dabei soll sich jeder in den Einbringer versetzen. Das Problem sollte abstrakter als zuvor formuliert werden.
- Alle diese Problembeschreibungen werden auf das Flip-Chart geschrieben und vom Einbringer wieder mit »w«, »n«, »k« eingestuft.
- Der Einbringer definiert sein Problem noch einmal neu.
- Diskussion über:
  - negative Kräfte/positive Kräfte
  - Lösungswege (keine Patentlösungen)
- Der Einbringer erklärt, welche der vorgeschlagenen Wege ihn am meisten ansprechen.
- Abschluss

Arbeitsweise

- Ruhige Umgebung, keine Störungen.
- Ausreichend Zeit zur Verfügung haben.

Dauer: mindestens 2 Stunden
Material: Flip-Chart, Stifte

5.1.6 Meditation

Ziele

- Durch Entspannung und Stille zu tieferer Einsicht über sich selbst und die Problemsituation finden.
- Neue, kreative Lösungen finden (nicht schon wieder »mehr desselben«).
- Neue Energien gewinnen.

Für welche Problemtypen geeignet

Komplizierte Probleme, bei denen sich persönliche und organisatorische Faktoren beeinflussen und schwerwiegende Probleme, die viel Zeit, Ruhe und Abstand verlangen.

Phasen

- Einführung in die Meditation mit Schwerpunkt auf die Einfühlung in das eigene Problem oder das eines anderen. Diese Einführung kann auch in Form einer Fantasiereise stattfinden.
- Die eigentliche Meditationsphase. Gedanken verschwinden, machen Platz für neue Ideen, man konzentriert sich auf das Grundproblem.
- Beendigung der Meditation (Muskeln dehnen, herumlaufen).
- Nachgespräch:
  - Erzählen Sie von ihren Gedanken.
  - Tun Sie das bitte spontan.
  - Erzählen Sie von möglichen neuen Lösungsideen, von neuen Energien.
  - Gehen Sie aufeinander ein, unterstützen Sie einander.

Arbeitsweise

- Sitzen Sie ganz ruhig (im Schneidersitz mit einem Kissen oder einem Schemel unter dem Po; eventuell auch auf einem bequemen Stuhl, oder legen Sie sich flach auf den Boden).
- Achten Sie auf Ihren Atem.
- Lassen Sie sich Zeit.
- Achten Sie auf den langsamen Übergang aus der Entspannung/Meditation ins Nachgespräch.

Regeln

- Ruhige Umgebung, keine Störungen.
- Eventuell Meditationsmusik.
- Es muss ein erfahrener Begleiter dabei sein.

Dauer: erstes Mal: maximal 20 Minuten Meditation; insgesamt: 1 Stunde
Material: Kissen, Schemel, bequeme Stühle, Teppichboden oder Decken, Musik.

5.1.7 Intervisionsprotokoll

Ziele

- Systematische Klärung einer bereits bestehenden Hilfe-Beziehung (Therapeut – Klient, Lehrer – Schüler, Betreuer – Betreuter usw.).
- Anhand des Protokolls werden die wichtigsten Punkte der Beziehung und deren »Fallstricke« besprochen.

Phasen

- Kurze Skizzierung der Hilfe-Beziehung:
  - Name, Alter, Geschlecht etc.
  - sozialer Hintergrund
  - Diagnose
  - Dauer und Häufigkeit der Hilfeleistungen
  - Beziehungsverlauf

  - Beschreibung des Hilfe-Problems
  - weitere Informationen (z.B. Medikation; beteiligte Institutionen).
- Allgemeiner Eindruck vom Verlauf der Hilfe-Beziehung: Erklären Sie kurz, ob Sie mit Ihrer Hilfeleistungen zufrieden sind oder nicht, und warum.
- Einschätzung der Hilfeleistung
  - Welche Art der Hilfe hat weitergeholfen, welche nicht?
  - Mit wem und in welchem Setting hat Ihre Hilfe gut funktioniert?
  - Welche Art der Hilfe hat nicht funktioniert?
  - Welche Veränderungen des Ziels, der Art der Hilfe haben sich ergeben?
  - Welche Schlussfolgerungen ziehen Sie aus den bisher genannten Fakten?
- Die eigene Rolle
  - Tun Sie Dinge, die eigentlich der Klient selbst tun müsste?
  - Können Sie die Hilfeleistung weiterführen?
  - Entspricht die erforderliche Hilfeleistung Ihrer Rolle?
  - Haben Sie das Gefühl, etwas ändern zu müssen?
  - Finden Sie es an der Zeit, mehr Distanz zu halten, wollen Sie sich zurückzuziehen?
  - Fühlen Sie sich von den Kollegen unterstützt?
  - Stimmt Ihre Arbeitsweise mit der Ihrer Kollegen überein?
- Intervisionsgespräch unter Berücksichtigung der bisher genannten Punkte
- Schlussfolgerungen:
  - Welche Punkte waren am wichtigsten?
  - Welche Vorschläge wurden gemacht?
  - Welche konkreten Vereinbarungen wurden getroffen?
  - Wann wird noch einmal über die Hilfe-Beziehung gesprochen?

Arbeitsweise

- Zuerst werden die Fragenlisten (siehe oben, Punkte 1 bis 4) ausgefüllt (Dauer ca. 20 Minuten).
- Die Antworten werden für die Sitzung kopiert.

- Nach einer Lese- und Denkpause beginnt die Sitzung mit:
  - einer kurzen Fragerunde, um Unklarheiten zu beseitigen.
  - Jeder erläutert der Gruppe das wichtigste Problem auf seiner Liste.
  - Gedankenaustausch, der darauf abzielt, dem Betreffenden zu helfen.

Dauer: 45 bis 60 Minuten pro Protokoll

5.2 Übungen zur Klärung von Problemen

5.2.1 An Problemen arbeiten

Möglichkeiten zum Probleme sammeln
- Als Hausaufgabe eine Problemsituation aufschreiben lassen.
- Zu Beginn der Sitzung ein Problem erzählen lassen.
- Einige Minuten Stille, danach wird das Problem aufgeschrieben.
- Probleme sammeln anhand von Tagebuchaufzeichnungen.
- Probleme an die Tafel schreiben und die Gruppenmitglieder sagen oder ankreuzen lassen, welches Problem sie bearbeiten wollen.

Problemformulierung
Die Probleme sollen immer kurz und auf das Wesentliche beschränkt formuliert werden, beispielsweise in nicht mehr als fünf Sätzen.

Es ist aber auch gut, wenn die Teilnehmer ihre beruflichen Probleme spontan, mit allen damit verbundenen Emotionen erzählen.

Weitere brauchbare Möglichkeiten sind: Das Problem in einem Bild darstellen, vorspielen, ein Märchen daraus machen oder still darüber nachdenken.

Problemauswahl
- Der Reihe nach arbeiten.
- Die Auswahl wird von der momentanen Stimmung geleitet.
- Mehrheitsentscheidung herbeiführen.

- Der Begleiter wählt ein Thema aus.
- Dringlichkeit (ich muss morgen ...) berücksichtigen.
- Interesse der ganzen Gruppe berücksichtigen.

5.2.2 Klärende Fragen stellen

Ziele

- Durch die Untersuchung von Ursache und Wirkung das beobachtete Verhalten besser verstehen und erklären können.
- Durch neutrales Fragen die Problemstellung zu klären.

Für aktuelle berufliche Probleme geeignet.

Phasen

- Der Betroffene hat 5 Minuten, um sein berufliches Problem der Gruppe darzustellen.
- Machen Sie Notizen, unterstreichen Sie die wichtigsten Informationen.
- Erfragen Sie möglichst objektive weitere Informationen über die von Ihnen unterstrichenen Punkte.
- Sprechen Sie über die neuen Informationen und ergänzen Sie Ihre Notizen.
- Ordnen Sie Ihre Notizen, um Sie als Grundlage für analysierende Fragen verwenden zu können.
- Abschließend sollte jeder Hinweise geben können.

Arbeitsweise

- Notieren Sie so viel Einzelheiten wie möglich aus den Gesprächen, auch in den Phasen drei bis fünf.
- Stellen Sie immer neutrale Fragen: (Was genau meinen Sie? Erzählen Sie bitte etwas mehr über diesen Punkt.).
- Hören Sie aktiv zu und lassen Sie ihr Gegenüber das auch merken.
- Die Methode ist für die Partnerarbeit gut geeignet (eventuell mit Videoaufzeichnung).
- Es soll sehr genau auf eine neutrale Art des Fragens geachtet werden.

Regeln

- Es gibt drei Arten klärender Fragen, die Sie stellen können:
  - Fragen, die Ereignisse und Handlungen verdeutlichen;
  - Fragen, die sich auf die Atmosphäre und auf Gefühle beziehen;
  - Fragen, die die Ursachen erhellen sollen.
- Bei der letzten Fragengruppe handelt es sich um analysierende Fragen. Versuchen Sie, nicht suggestiv oder interpretierend zu fragen. Stellen Sie explorative Fragen. Suchen Sie nach Zusammenhängen und Mustern.

Dauer: zweistündige Sitzungen
Material: Papier und Stifte; eventuell Videokamera

5.2.3 Das Problem erfragen

Art der Fragen

- Offene Fragen stellen, beispielsweise: »Können Sie mir mehr über diesen Kollegen, der Ihnen so sehr auf die Nerven geht, erzählen?« Genug Zeit zum Erzählen lassen.
- Geschlossene Fragen vermeiden, beispielsweise: »Haben Sie schon einmal mit dem Kollegen darüber gesprochen?« Die Antwort wird ja oder nein lauten. Man bekommt keine zusätzlichen Informationen.
- Nicht mehrere Fragen gleichzeitig stellen, beispielsweise: »Ist Ihnen der Kollege, nachdem Sie mit ihm gesprochen hatten, immer noch auf die Nerven gegangen, oder ist es danach besser geworden?« Worauf soll der Gefragte nun antworten?
- Suggestive Fragen vermeiden, beispielsweise: »Ist das nicht ein entsetzlich nervtötender Kerl?«

Auf offene Fragen bekommt man die meisten Informationen. Geschlossene Fragen bremsen den Gesprächspartner. Mit suggestiven Fragen verunsichert man den Gesprächspartner (»Vielleicht habe ich das doch falsch gesehen?«).

Verdeutlichen von Unklarheiten
Auch Nachfragen zu eigentlich harmlosen Worten eines Satzes kann klärend wirken (kann den Gesprächspartner aber auch abschrecken! Nachfragen vorsichtig dosieren!). Einige Beispiele:

- Fragen Sie nach der Bedeutung unspezifischer Worte und Begriffe (man, Situation, Gefühl, manchmal, hier und da ...).
- Fragen Sie nach bei Verallgemeinerungen (immer, nie, die Schüler, die Schulleitung ...).
- Fragen Sie nach Auslassungen (»Ich sollte wohl ...« Weswegen? Warum?).
- Fragen Sie nach bei überflüssigen Worten (»natürlich, vielleicht, obwohl, Ich habe das Gefühl ...).

5.2.4 Ich bin das Problem

Ziele

- Visualisierung des Problems, um es besser verstehen zu können.
- Lösungsmöglichkeiten sammeln und einschätzen.

Problemtypen geeignet: komplexe Probleme in Gruppen mit erfahrenen Teilnehmern.

Phasen

- Erklären Sie die Arbeitsweise. Wählen Sie ein Problem aus und lassen Sie es kurz durch den betroffenen Teilnehmer darstellen.
- Die Teilnehmer sollen sich vorstellen, »sie selbst seien das Problem«, ganz buchstäblich (5 Minuten). Sie schließen dazu die Augen und stellen sich vor, wie das Problem sich anfühlt, wie es riecht, klingt, schmeckt und von innen aussieht.
- Nacheinander beschreiben die Teilnehmer ihre Empfindungen.
- Gruppendiskussion, in der jeder auf Grund seiner eigenen Empfindungen reagieren soll.
- Welche Lösungen/Vorschläge entstehen auf Grund der veränderten Perspektive?
- Abschluss. Die Rolle wird jetzt wieder abgelegt und die erlebten Empfindungen werden besprochen. Meist zeigen sich alternative Lösungen für das Problem.

Arbeitsweise

- Verwenden Sie viel Sorgfalt auf die Einführung in diese Übung. Geben Sie den Teilnehmern die Möglichkeit, ihre rechte Hirnhälfte (die kreative Seite) zu aktivieren.
- Das Schwergewicht dieser Übung liegt auf den kreativen Aspekten der Vorschläge und Lösungen.
- Notieren Sie die wichtigsten Vorschläge und Hinweise auf dem Flip-Chart.
- Mögliche Varianten der Übung: Das Problem zeichnen oder vorspielen.

Regeln

- Halten Sie den Spannungsbogen und seien Sie, wenn nötig, flexibel im Umgang mit der Übung.
- Eher geeignet für eine erfahrene Gruppe.
- Ruhige Umgebung.

Dauer: 1–2 Stunden, abhängig von der Gruppengröße
Material: Flip-Chart, Stifte; eventuell Zeichenpapier, Kreide, ruhige Musik

5.2.5 Brainstorming

Ziele

- So viele Vorschläge und Lösungen wie möglich für ein Problem sammeln.
- Abwechslungsreiche, kreative Arbeitsweise, die neue Energien wecken soll.

Für alle Arten von Problemtypen geeignet

Phasen

- Problem einführen (5 Minuten)
- Kurze Analyse/Fragerunde (kann, muss nicht sein)
- Ideen vorstellen und notieren
- Ideen begutachten
- Auswertung

Arbeitsweise
- Jeder Beitrag ist wichtig. Die Qualität spielt keine Rolle. Es geht um Quantität.
- Jeder Teilnehmer darf jederzeit seine Idee vorschlagen. Es gibt keine Einschränkungen (»Geht denn das?«)
- Jede Idee aufschreiben, wenn sie auch noch so verrückt ist.
- Bitten sie einen Teilnehmer, alles auf das Flip-Chart zu schreiben.
- Erst in Phase 4 werden die Ideen begutachtet. Es ist sinnvoll, zwischen Phase 3 und 4 eine kurze Pause zu machen.
- In der Auswertungsphase werden die Ideen zunächst auf ihre positive Wirkung hin begutachtet, erst später auf ihre Durchführbarkeit. Der Teilnehmer, den das Problem angeht, kann sich die drei ansprechendsten Vorschläge aussuchen.

Regeln
- Niemanden kritisieren.
- Gedanken frei aussprechen.
- Quantität statt Qualität.
- Jede Idee aufschreiben.
- Zeit nehmen zur Besprechung.

Dauer: ungefähr 1 Stunde; die Phase des Ideensammelns kann so lange dauern, wie kreative Ideen da sind.
Material: Flip-Chart, genug Papier und Stifte

Varianten
Die Teilnehmer bewerten die zehn besten Ideen mit den Ziffern 1–10. Dann werden die drei Vorschläge mit den höchsten Bewertungen mit dem Betroffenen besprochen. Für welche Ideen hätte er selber sich entschieden?

5.2.6 Sich gegenseitig zeichnen

Ziele
- Die Teilnehmer sollen kreativ und einfühlsam übereinander nachdenken.

- Die Stärken der Anderen sollen durch die Zeichnung hervorgehoben werden.
- Die Übung soll den Gruppenzusammenhalt stärken.

Für welche Problemtypen geeignet
Eine gute Übung mit positivem Feedback für eine Gruppe, die bereits Erfahrungen miteinander gemacht hat.

Phasen
- Die Teilnehmer zeichnen einen bestimmten Kollegen (oder auch die ganze Gruppe). Diese Zeichnung soll die Stärken des/der Betreffenden zum Ausdruck bringen. Welche dieser Eigenschaften sind für die Lösung von Problemen bedeutsam? Dauer: 20 bis 30 Minuten.
- Jeder Teilnehmer sagt ein paar erklärende Worte über seine Zeichnung.
- Diskussion, weitere vertiefende Erklärungen.
- Auswertung: Welche drei Stärken bzw. Eigenschaften, die zur Problemlösung hilfreich sein könnten, hat jeder Teilnehmer?

Arbeitsweise
- Bei der Betrachtung und Besprechung der Bilder soll auf Eigenschaften geachtet werden, die nicht direkt zum Ausdruck kommen, die aber dennoch von Bedeutung sein könnten.
- Es geht nicht darum, »schön« zu zeichnen.
- Variante: gemeinsam ein Gruppenbild zeichnen (dazu sollte die Gruppe nicht größer sein als fünf oder sechs Personen).

Regeln
- Es soll ausreichend Platz zur Verfügung stehen, um mit großen Blättern oder Packpapier auf dem Boden oder an der Wand arbeiten zu können.
- Nicht zu klein zeichnen; Farben bewusst einsetzen.

Dauer: 1–2 Stunden.
Material: Papier und dicke Filzschreiber, bunte Kreidestifte.

5.3 Problemanalysierende Übungen

5.3.1 »Pareto[1]-Analyse«

Ziele

- Sichtbar machen, in welchen Situationen die Probleme meistens auftreten.
- Die Hauptursachen herausfinden.
- Untersuchen, welche Lösungen möglich sind.

Erläuterung

Pareto geht davon aus, dass es eine Art natürlicher 80/20-Regel gibt, die sich auf viele Situationen anwenden lässt, wie beispielsweise:

- 80 Prozent aller Überstunden werden von 20 Prozent der Mitarbeiter geleistet.
- 80 Prozent des Besitzes befindet sich in den Händen von 20 Prozent der Bevölkerung.
- 80 Prozent der Kollegen hat keine Probleme, 20 Prozent ja.

Die Pareto-Analyse bezieht sich auf diese zwanzig Prozent.

Für welche Problemtypen geeignet

Sachliche Probleme, die quantifiziert und in Zahlen ausgedrückt werden können.

Phasen

- Einführung in das Pareto-Prinzip.
- Bestimmung des zu analysierenden Problems.
- Welche Informationen zu welchen Problem-Aspekten sind nötig?
  Stellen Sie dazu die W-Fragen: Wer? Was? Wann? Wo? Warum?
- Holen Sie die nötigen Informationen ein.

1 Vilfredo Pareto (1848–1923), politisch umstrittener italienischer Nationalökonom und Soziologe, der den »homo economicus« als Muster sozialen Handelns propagierte. Die Verwendung seines Namens ist hier eher ironisch zu verstehen. (Anmerkung d.Ü.)

- Ordnen Sie die Informationen den verschiedenen Aspekten des Problems zu. Bilden sie eine Rangfolge der Problemaspekte und finden Sie heraus, ob für die so definierten Situationen ein Pareto-Muster (80/20-Verteilung) wahrscheinlich ist.
- Erstellen Sie eine Grafik und tragen in die horizontale Linie die jeweiligen Situationen ein; in die Vertikale deren Häufigkeit.
- Wenn Sie die prozentual am häufigsten aufgetretenen Situationen herausgefunden haben, haben Sie das Problem schon zu 80 Prozent im Griff …
- Auswertung

Arbeitsweise

- Es ist wichtig, alle nötigen Informationen zur Verfügung zu haben, andernfalls benötigte man zwei Sitzungen für diese Übung. Am besten ist es, schon bei der vorangehenden Sitzung die Aufgabe zu stellen, Probleme und die damit zusammenhängenden Informationen zu sammeln.
- Untersuchen Sie alle vorgestellten Probleme auf das Vorhandensein eines Pareto-Musters.

Regeln

- Diese Übung ist nur auf quantifizierbare Probleme anwendbar.
- Sorgen Sie für das notwendige Informationsmaterial.

Dauer: 1–2 Stunden.
Material: Flip-Chart, Stifte

Beispiel

Jansen, ein Lehrer, berichtet von großen Disziplinschwierigkeiten in allen seinen Klassen. Ihn macht das sehr unzufrieden. Er will die Ursachen dafür wissen.

Zuerst stellt er eine gefühlsmäßige Rangfolge seiner problematischen zehn Klassen auf. Dann notiert er die Schülerzahl pro Klasse sowie die Tage und Uhrzeiten seiner Unterrichtsstunden.

Seine Analyse sieht folgendermaßen aus (s. Abbildung 7, nächste Seite).

Klasse	Rangplatz	Schülerzahl	Zeitpunkt der Unterrichtsstunde
1	9	17	Freitag, 5. Std.
2	7	26	Mittwoch, 2. Std.
3	4	28	Mittwoch, 3. Std.
4	6	24	Montag, 2. Std.
5	2	23	Montag, 3. Std.
6	1	29	Montag, 1. Std.
7	3	22	Freitag, 6. Std.
8	8	24	Montag, 4. Std.
9	5	18	Donnerstag, 5. Std.
10	10	24	Donnerstag, 6. Std.

Abbildung 7: Rangplatzanalyse

Es werden die ersten vier Problemklassen untersucht:
29 Schüler
23 Schüler
22 Schüler
28 Schüler

Diese Informationen werden in einer Grafik dargestellt.

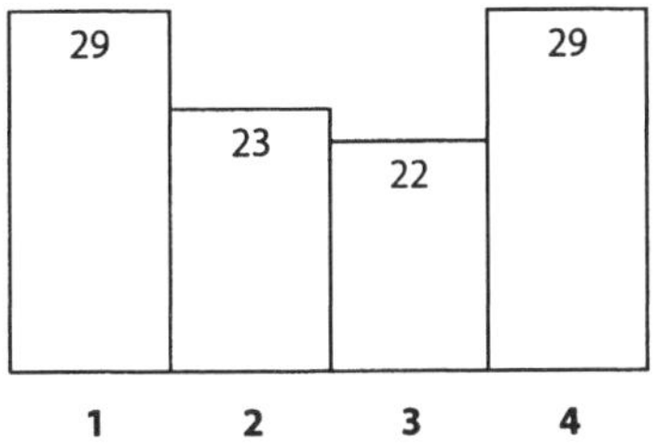

Abbildung 8: Schülerzahlen

Fragen

- Ist die Größe der Klasse ausschlaggebend?
- Liegt es am Zeitpunkt der Unterrichtsstunden?
- Könnten andere Faktoren eine Rolle spielen (Alter, die vorangegangene Stunde, ein bestimmter Schülertyp)?

Hinweise

- Achten Sie verstärkt auf die Situation in der Klasse am Montagmorgen und am Freitagmittag. Kann der didaktische Aufbau der Stunde besser darauf abgestimmt werden?
- Untersuchen Sie die Mittwochmorgen-Situation der Klassen.

5.3.2 Ishikawa-Schema

Ziele

- Ein Problem in allen seinen Fassetten untersuchen.
- Ursachen und Folgen herausarbeiten.
- Ideen zur Informationsgewinnung entwickeln.
- Lösungsmöglichkeiten finden.

Für welche Problemtypen geeignet

Komplexe Probleme, die aus unterschiedlichen Blickwinkeln analysiert werden können.

Phasen

- Das Problem beschreiben und auf dem Flip-Chart notieren. Das Problem soll so konkret wie möglich dargestellt werden.
- Die »Fischgräten« einzeichnen und benennen. Als »Seitengräten« werden die wichtigsten Problembereiche eingezeichnet (vgl. Abb. 9).

  Die Hauptursachen werden mithilfe der vier M's zusammengefasst:
  - Menschen
  - Methode
  - Maschine
  - Material

Für Probleme eher organisatorischer Art sollte man die vier P«s berücksichtigen:

– Politik
– Prozedur /Verfahrensweise/Methode
– Personal
– Platz /Ort

(je nach Situation kann man diese Stichworte ergänzen oder austauschen)

- Brainstorming über die Ursachen (siehe Übung Kapitel 5.2.5) Vorschläge neben der betreffenden (Seiten-)Fischgräte notieren.
- Durch Einzeichnen von Querverbindungs-(»gräten-«)linien in das Schema werden die Hauptursachen des Problems deutlich und können genauer untersucht werden.
- Das Schema analysieren und dabei Wege zur Problemlösung finden.

Arbeitsweise

- Die Problemanalyse auf einer großen Wandtafel oder zwei Papierbögen darstellen. Auf Wunsch kann jeder Teilnehmer selbst eine solches »Fischgräten-Muster« anfertigen.
- Halten Sie sich sehr präzise an die Regeln des Brainstorming.
- Es sollten alle Hauptursachen besprochen werden. Die Reihenfolge spielt dabei keine Rolle.

Dauer: 2 Stunden
Material: Große Papierbögen, Flip-Chart, Klebeband, Stifte

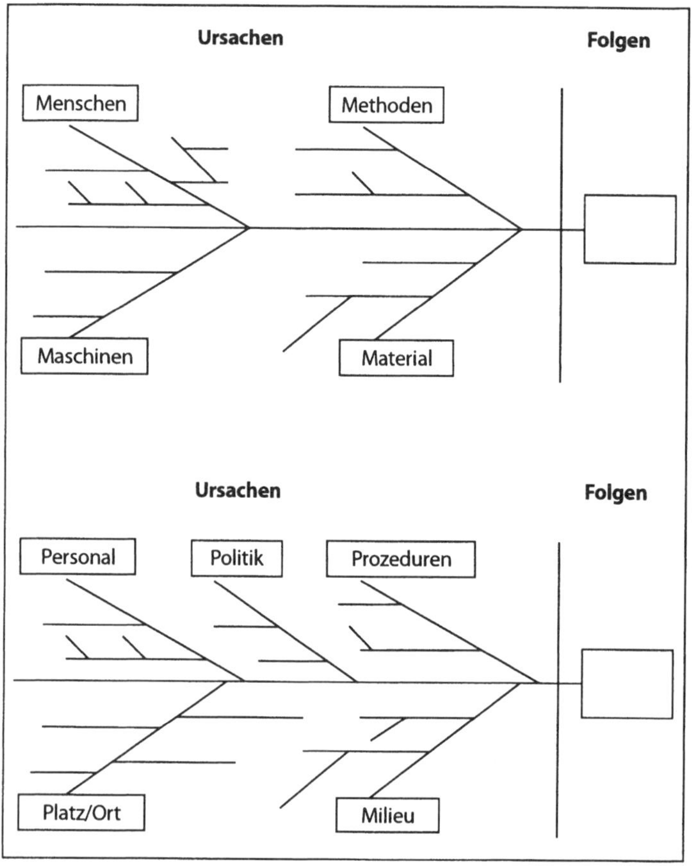

Abbildung 9: Zwei Fischgräten-Diagramme

5.3.3 Das Auswahlraster

Ziele

- Entscheidung für ein Problem unter mehreren.
- Wahl einer Lösungsmöglichkeit unter mehreren.
- Festlegung wichtiger Auswahlkriterien.

Für welche Problemtypen geeignet
Anwendbar, um einer Gruppe eine fundierte Entscheidung nach bestimmten Kriterien zu ermöglichen.

Phasen
- Jeder Teilnehmer schlägt ein Problem vor, welches er in maximal 5 Sätzen erläutert.
- Mit der Gruppe 5–10 Hauptkriterien für eine Entscheidung festlegen. Beispiel: Schnelligkeit, Unkompliziertheit, Energie, Kosten, Erfolgsaussichten, Zeitaufwand.
- Feststellen, welche Wahlmöglichkeiten es gibt. Das Auswahlraster funktioniert am besten bei jeweils maximal acht Möglichkeiten.
- Die verschiedenen Möglichkeiten und Kriterien in ihrer Reihenfolge ins Raster eintragen.
- Nach einigen Minuten des Nachdenkens vergibt jeder Teilnehmer Punkte von 1–5 (1 = niedrig, 5 = hoch).
- Die Punkte werden ins Raster eingetragen und gezählt. Das Gesamtergebnis entscheidet über die Auswahl des Problems.

Arbeitsweise
- Alle Teilnehmer bekommen eine Kopie des Auswahlrasters, um ihre Wertungspunkte einzutragen.
- Die Anzahl der Kriterien und der Wahlmöglichkeiten kann je nach Gruppengröße variieren.
- Zum Schluss kann das Endergebnis besprochen werden – warum ist die Gruppe zu diesem Resultat gekommen?

Regeln: Keine

Dauer: 20–30 Minuten
Material: Flip-Chart, Stifte, Kopien des Rasters

	Kriterien						
Möglichkeiten	1	2	3	4	5	6	**Gesamt**
1							
2							
3							
4							
5							
6							
7							
8							

Abbildung 10: Auswahlraster

5.3.4 Sechsmal »W«

Ziele
Die Dimensionen eines Problems untersuchen.

Für welche Problemtypen geeignet:
Anwendbar bei der Problemlösung im Rahmen der Analysephase.

Phasen
- Das zu untersuchende Problem auswählen.
- Sechs W-Fragen formulieren
  - Was …
  - Warum …
  - Wann …
  - Auf welche Weise …
  - Wo …
  - Wer …
- Es werden immer zwei Fragen formuliert: Einmal wird nach dem zu untersuchenden Problem gefragt und einmal nach dem Gegenteil (Beispiel: »Wer ist von dem Problem betroffen?« »Wer ist von dem Problem nicht betroffen?«)

- Zur Formulierung jeder Frage gibt es ein kurzes Brainstorming. Notieren Sie die gefunden Fragen jeweils auf einem besonderen Blatt.
- Analysieren Sie die gefundenen Fragen. Bestimmen Sie für jedes »W« die für die Problemlösung wichtigsten Fragen.
- Besprechen Sie diese Fragen bezogen auf das Gesamtproblem.
- Beurteilen Sie das Ergebnis, das sie mit den sechs W's erarbeitet haben:
  - Welche Aspekte haben zur Problemlösung beigetragen, welche nicht?
  - Wofür konnte man die sechs W anwenden, wofür nicht?
  - Wann konnte man die sechs W anwenden, wann nicht?
  - Auf welche Weise konnte man die sechs W anwenden, auf welche Weise nicht?
  - Warum waren die sechs W ein Hilfsmittel bei der Lösung des Problems, warum waren sie es nicht?
  - Wer konnte die sechs W anwenden, wer nicht?

Arbeitsweise
Arbeiten Sie ergänzend mit der Kräfte-im-Feld-Analyse (Kapitel 5.1.2) oder mit der Pareto-Analyse (Kapitel 5.3.2).

Regeln
Halten Sie sich an die Regeln fürs Brainstorming (siehe Kapitel 5.2.5)

Dauer: 45 Minuten
Material: Zeichenblätter, Filzstifte

5.3.5 Soziometrie der beteiligten Personen

Ziele
- Feststellen, wer an der Problemlösung beteiligt ist bzw. auf irgendeine Art damit zu tun hat.
- Achten Sie darauf, niemanden zu übergehen.
- Alle Vorschläge für eine Strategie notieren.

Für welche Problemtypen geeignet
Komplizierte Probleme, die auf unterschiedlichen Niveaus der Organisation verankert sind.

Phasen
- Wählen Sie das zu analysierende Problem aus und schreiben Sie es in die Mitte eines Zeichenblatts.
- Brainstorming darüber, wer alles an der Problemlösung beteiligt ist. Wer könnte vergessen worden sein? Welche Bereiche der Organisation sind beteiligt? Wen könnte man noch zur Problemlösung heranziehen? Wer sind die Schlüsselfiguren im Problemlösungsprozess? Wer könnte die Hauptrolle dabei spielen?
- Wer könnte dem Prozess schaden? In welchem Maß?
- Entwickeln Sie anhand der Fragenliste eine Strategie.

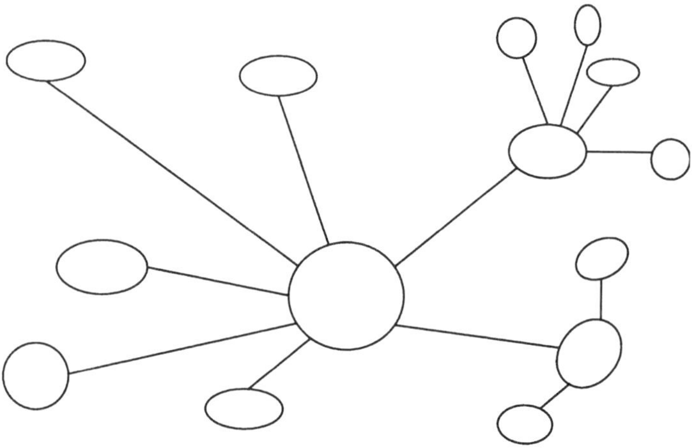

Abbildung 11: Soziometrie der beteiligten Personen

Arbeitsweise
- Die Fragenliste sollte so umfassend wie möglich sein.
- Notieren Sie nicht nur die Namen, sondern auch die Position der jeweiligen Personen.

- Markieren Sie die Schlüsselfiguren mit dicken Kreisen und platzieren sie in der Nähe des Problems. Kreisen Sie die negativen Kräfte rot ein.

Regeln
Wenden Sie die Regeln des Brainstorming an.

Dauer: 60 Minuten
Material: Flip-Chart, Stifte

5.3.6 *Warum? Warum?*

Ziele
- Auflistung aller denkbaren Ursachen eines Problems.
- Feststellung der Hauptursachen.
- Sich ein Gesamtbild machen zum besseren Verständnis des Problems.

Für welche Problemtypen geeignet: bei jeder Art von Problemen anwendbar.

Phasen
- Ein Problem auswählen und auf die linke Seite eines Zeichenblattes schreiben.
- Alle Teilnehmer antworten auf die Fragen nach dem »Warum«. Die Antworten werden notiert.
- Zu jeder Antwort weitere »Warum-Fragen« stellen.
- Den Teilnehmern Zeit lassen, kurz über die Antworten nachzudenken, um dann gemeinsam die wichtigsten Ursachen des Problems herauszufinden.

Arbeitsweise
- Kleine Gruppen (maximal 4 Teilnehmer).
- Möglichst lockere Atmosphäre, sonst könnte das Fragen-Antwort-Spiel langweilig werden.
- Die Übung sollte sich nicht zu lang hinziehen.
- Eventuell per Computer ein Flussdiagramm herstellen.

Regeln: keine

Dauer: 30 Minuten
Material: Papier und Stifte

Variation: Versuchen sie das Gleiche mit der Frage: Wie? Wie?

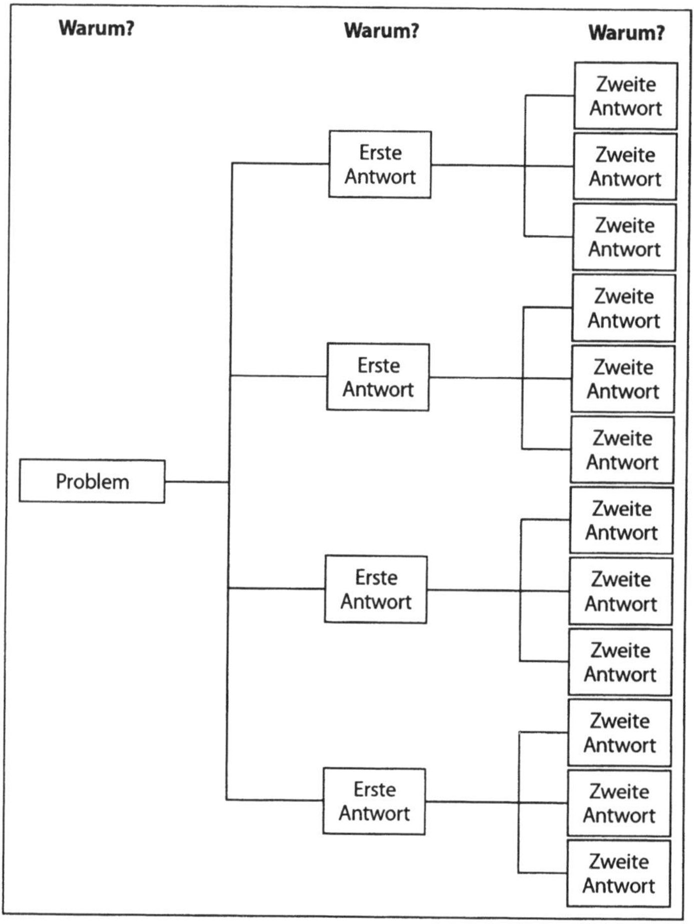

Abbildung 12: Flussdiagramm: Warum? Warum? Warum?

5.3.7 Um Rat fragen – Rat bekommen

Ziele
- Feedback zu einem Beratungsprozess.
- Übung zum Fragen, Nachfragen, Analysieren, zur Formulierung von Problem und Durchführung von Beratung.

Für welche Problemtypen geeignet:
Berufliche Probleme, die nicht allzu viele persönliche Anteile haben.

Phasen
- Aufteilung in Dreiergruppen.
- Drei 15-Minuten-Gespräche in wechselnden Rollen (Betroffener, Berater, Beobachter).
- Gemeinsame Diskussion des (technischen) Verlaufs der Gespräche, nicht über das Inhaltliche.

Arbeitsweise
- Wählen Sie reale, ungelöste Probleme.
- Suchen Sie ein Problem, mit dem sich der Betroffene wirklich auseinandersetzen will.
- Wählen Sie ein zwischenmenschliches Problem.
- Die betroffene Person trägt ihr Problem vor, die zweite Person fragt nach und berät (15 Minuten).
- Die dritte Person beobachtet das Gespräch und macht Notizen, insbesondere über
  - Problemformulierung
  - Nachfragen und Analysieren
  - Wie wird auf das Problem eingegangen? Wird echte Hilfe angeboten?
  - Ist der betreffende Teilnehmer zufrieden?
- Nach jeweils 15 Minuten werden die Rollen getauscht.

Regeln
Die dritte Person darf sich keinesfalls in das Gespräch einschalten.

Dauer: insgesamt 45 Minuten für die Beratungsgespräche. Anschließend 15–20 Minuten für die gemeinsame Nachbesprechung aller drei Gespräche.
Material: Nicht erforderlich.

Varianten
- Nach jedem der 15-minütigen Dialoge eine kurze Nachbesprechung (behalten Sie Ihren Zeitplan im Auge).
- Machen Sie Videoaufzeichnungen und besprechen sie anhand von vorher festgelegten Beobachtungskriterien (wie z.B. emphatische Fähigkeiten).

6. Perspektiven der begleiteten Intervision

»Murphy's Gesetz lautet:
Alles, was schief gehen kann, geht schief.

Einige Schlussfolgerungen:
- *Nichts ist so einfach, wie es aussieht.*
- *Alles dauert länger, als du denkst.*
- *Wenn irgendetwas schief geht, wird es immer gerade da passieren, wo es den meisten Schaden anrichtet.*
- *Wenn du vier Fehlerquellen gefunden und behoben hast, wird ganz sicher eine fünfte, unerwartete auftauchen.*
- *Wenn du den Dingen ihren Lauf lässt, wird garantiert alles noch schlimmer werden.*
- *Jedes Mal, wenn du dir wirklich etwas vornimmst, kommt etwas anderes dazwischen.*
- *Jede Lösung bringt nur neue Probleme.*
- *Wenn etwas gut zu funktionieren scheint, hast du mit Sicherheit etwas übersehen.*
- *Die Natur ist immer aufseiten des versteckten Fehlers.*
- *Mutter Natur ist ein Miststück.«*

(Aus: Arthur Bloch: Murphy's Law, New York 1971)

6.1 Einleitung

Ein ziemlich entmutigendes Gesetz. Wie es aussieht, gibt es einen Teufelskreis von Problemen und Problemlösungen. Glücklicherweise gibt es aber auch hoffnungsvollere Äußerungen zur Problemlösung, wie beispielsweise das *Panacee-Gesetz*[1]: »Eine wirklich gute

1 von griechisch/lateinisch: panacea, f, mythisches Allheilkraut

Lösung ist auf fast jedes Problem anwendbar.« Über beide Gesetze lohnt es sich einige Zeit zu meditieren!

Mit der begleiteten Intervision verhält es sich wie mit den beiden widersprüchlichen Gesetzen zur Lösung von Problemen: Man kann nie sicher sein, ob Intervision hilft, ob man alles richtig macht, ob man nicht ganz anders an das Problem hätte herangehen müssen. Begleitete Intervision ist keine Sache, die man in eine Kiste legen kann, um dann ein Etikett darauf zu kleben: Inhalt: Intervision – mit Gütesiegel.

Begleitete Intervision wurde von Menschen entwickelt, Menschen arbeiten damit und bestimmen gemeinsam die Qualität des Verfahrens. Eine Stärke der begleiteten Intervision liegt in ihrer Vielgestaltigkeit. Sie ist niederschwellig und ergebnisorientiert. Dass hier die Teilnehmer etwas loswerden und mit Interesse und Aufmerksamkeit rechnen können, wirkt ansteckend. Wie ein Kollege einmal sagte: »Oft müssen wir uns zu Beginn der Begleitung erst einmal auf das Erlernen solcher Fähigkeiten konzentrieren wie einander zuhören, die anderen aussprechen lassen, nachfragen und sinnvolles Feedback geben. Offenbar wird dies in der Ausbildung vernachlässigt.«

In diesem Kapitel will ich die vielen verschiedenen Formen der begleiteten Intervision, mit denen ich im Lauf der Jahre zu tun hatte, grob skizzieren. Infolge dieser Erfahrungen hat sich für mich eine Art komprimiertes Kernmodell von Intervision herauskristallisiert. – Abschließend wird es um das Verhältnis von begleiteter Intervision zu neueren Methoden aus dem angelsächsischen Raum wie das Coaching gehen.

6.2 Varianten der Intervision

6.2.1 Intervision und Kasuistik

Das ist vielleicht die sicherste und »ungefährlichste« Art, mit Intervision zu arbeiten. Ein Beispiel dafür ist das von Rotteveel und Vanmolkot erarbeitete Intervisionsprotokoll (1993). Eine bereits bestehende Hilfe-Beziehung wird anhand eines vorher angefertigten Protokolls systematisch analysiert. Der Fall wird in der Gruppe gelesen und eingehend besprochen. Der Gruppenteilnehmer, um dessen Fall es geht, bekommt Gelegenheit, ihn eingehender zu erläutern. Anschließend wird der Hilfeplan bzw. die Beziehungsstruktur diskutiert und kommentiert. Das eher sachliche Gespräch dauert eine halbe bis dreiviertel Stunde. Am Ende kann der Betreffende mit neuen Impulsen und Ideen wieder an seine Arbeit gehen. Ein solches Protokoll findet sich im Kapitel 5.1.7.

Das Intervisionsprotokoll ist eine effiziente Arbeitsweise, um in relativ kurzer Zeit Rückmeldungen zu einem Hilfeplan (Betreuungsplan, Interventionsplanung oder dergleichen) zu erhalten.

Natürlich kann diese Methode auch ausgebaut werden, um auf einem grundsätzlicheren Niveau zu analysieren und problematisieren; dann muss mehr Zeit einkalkuliert werden und derjenige, um dessen Problem es sich handelt, muss ausreichend persönliches Feedback bekommen.

6.2.2 Thematisierung beruflicher Probleme

Dies ist Intervision in ihrer reinsten Form, könnte man sagen. Ein Problem wird formuliert und analysiert, dann werden Hilfe und Lösungsmöglichkeiten gesucht und gefunden. Der, um dessen Problem es geht, ist an der Analyse beteiligt, der Prozess bleibt aber schwerpunktmäßig ergebnis- und arbeitsorientiert. Bei neu beginnenden Gruppen wirkt die Ereignismethode strukturierend. Um ein Problem klarer zu machen und die Beratung zu intensivieren, können unterschiedliche Methoden zu Hilfe genommen werden. Diese Form der Intervision wird im »Kernmodell der begleiten Intervision« beschrieben (Kapitel 6.3).

6.2.3 Personenbezogene (berufliche) Probleme

Wenn die Gruppenmitglieder vertrauter miteinander geworden sind, kann man jeden, der ein Problem einbringt, nach seinen eigenen Anteilen an der Problemkonstellation befragen. Dabei ist die

Rolle des Begleiters sehr wichtig. Er muss abschätzen können, wie weit die Gruppe gehen kann, er weist auf Grenzen und auf Regeln der Gruppe hin. Hier sind die von Cohn aufgestellten Regeln (Authentizität und individuelle Steuerung, siehe Kapitel 2.2) sehr wichtig. Dazu bietet sich die Arbeit mit Themenzentrierter Interaktion, Profilbeschreibungen und Meditation an. Die Gruppe sollte dabei methodisch und diszipliniert arbeiten. In einer zweiten Gesprächsrunde kann man sich mit der Bedeutung des jeweiligen Problems für die ganze Gruppe beschäftigen.

6.2.4 Themengruppen

Intervisionsgruppen können auch an Themen arbeiten, die für alle Beteiligten wichtig sind.
Einige Beispiele:

- (non-) verbale Kommunikation
- mit der eigenen Energie Haus halten
- unser Team und die Organisation
- Männer und Frauen
- Midlife hat Zukunft
- vom Klienten zum Kunden
- das Jahr 2010
- selbstständig lernen
- Macht und Kräfte am Arbeitsplatz
- neue Methoden und didaktische Arbeitsformen

Die Gruppenteilnehmer sollten in dem Thema eine nicht zu unterschätzende Aufgabe sehen, eine Herausforderung, etwas dazuzulernen. Sie müssen bereit sein, die eigene Person, ihre Meinungen und Ansichten zur Diskussion zu stellen.

In der Themengruppe wird mehr an gemeinsamen Vorstellungen als an persönlichen Problemen gearbeitet. Erst wenn der Arbeitsprozess in Gang gekommen ist, problematisiert der Begleiter die Beziehung der Teilnehmer zum Thema.

6.2.5 Intervision und Coaching

Coaching als eine Form der Beratung in Zweier- oder Dreiergruppen kann eine sinnvolle Ergänzung der begleiteten Intervision sein. Coaching hat das Ziel, den Klienten durch direkte Fragen dazu zu bewegen, selbst die Verantwortung für seine Probleme zu übernehmen. Man vertraut auf dessen Fähigkeit, Lösungen zu finden. Es geht darum, die richtigen Fragen zu stellen. Ein Coach muss genau nachfragen können, muss seinem Klienten einen Spiegel vorhalten und ihn unterstützen. Aspekte des Coaching können mit Zustimmung der Beteiligten auch in der Intervisionsgruppe besprochen werden. Wenn nötig, kann der Intervisionsprozess auch mit spezifischen Beratungs- oder Supervisionsanteilen gekoppelt werden, wobei es wichtig ist, das eine vom anderen deutlich zu trennen. Der Begleiter sollte stets die Grenzen seiner Möglichkeiten (u.a. Fachkompetenz, Zeit und finanzielle Mittel) beachten.

6.3 Das Kernmodell der begleiteten Intervision

Nach diesem Überblick über praktische Varianten der Intervision soll mein ursprüngliches Phasenmodell der Intervision, das im Buch »Intervision bei beruflichen Problemen« vorgestellt wurde, präzisiert werden.

»Das eigene Verhalten erkennen bedeutet, sein Verhalten zu verändern.« Diese Feststellung von Oomkes (1992) verweist auch auf Wechselwirkungen zwischen der Umgebung und eigenem Verhalten. Man lernt eben aus Erfahrung und kommt so zu überraschenden Lösungsmöglichkeiten. In komprimierter Form besteht der Intervisionszyklus aus den folgenden fünf Phasen:

Phase 1: Bestandsaufnahme

- Ein Problem vorstellen (... die Chance nutzen).
- Das Problem kurz und klar formulieren.
- Entscheidungen treffen
  - hinsichtlich des zu bearbeitenden Problems
  - hinsichtlich der Arbeitsweise

Die folgende Abbildung zeigt das Kernmodell in schematischer Form:

Phase	Interaktion	Lernziele
Phase 1 *Bestands-aufnahme*	zuhören ausreden lassen Entscheidungen treffen	kurz und präzise formulieren in der Ichform sprechen
Phase 2 *Analyse*	direkte Fragen stellen Aufmerksamkeit füreinander objektiv fragen	analytische Fähigkeiten entwickeln nicht interpretieren Arbeitsmethoden üben
Phase 3 *Beratungs-runde*	kreativ beraten Feedback geben	Alternativen formulieren Verhaltensweisen auswählen
Phase 4 *Aktionsplan*	helfen unterstützen	Aktionsplan aufstellen Realisierbarkeit prüfen
Phase 5 *Auswertung*	kritische Betrachtung Zusammenfassung/ Abschluss/Abschied	Verbesserungen Anpassung des Prozes-ses/bzw. des Produktes Hausaufgabe für die nächste Sitzung

Abbildung 13: Kernmodell der begleiteten Intervision

Phase 2: Analyse

- Neutrale Fragen stellen – nicht interpretieren und nicht analysieren.
- Die richtigen Fragen stellen – keine Lösungen vorwegnehmen und keine Suggestivfragen stellen.

Phase 3: Beratungsrunde

- Den Vorschlägen der anderen zuhören, ohne direkt zu reagieren.
- Für kreative, alternative Vorschläge offen sein (nicht immer nur »mehr desselben«).

Phase 4: Aktionsplan
- Welche Vorschläge haben die beste Resonanz?
- Einen Aktionsplan erstellen.
- Die Realisierbarkeit des Aktionsplans prüfen.
- Mit welchen Aspekten des Plans soll gleich morgen begonnen werden?

Phase 5: Auswertung
- Zusammenfassung
- Lernerfolge
- Planung der nächsten Sitzungen

6.4 Perspektiven der Intervision

Im angelsächsischen Raum gibt es schon länger das so genannte *staff-appraisal*[1] – frei übersetzt ein Personalentwicklungs- und Fortbildungssystem für Mitarbeiter. *Staff-appraisal* ist ein Teilbereich der strategischen Politik eines Betriebes, einer sozialen Einrichtung oder einer Schule.

Staff-appraisal ist Teil einer Human-Resources-Stategie und zielt auf die Nutzung des menschlichen Potenzials der jeweiligen Organisation.

Appraisal kommt für jeden Mitarbeiter (einschließlich der Leitungsebene) infrage. Erfahrene Mitarbeiter werden zu »Appraisern« ausgebildet, um jüngere Kollegen bei Problemen und Fragen adäquat zu beraten. Ursprünglich ging man davon aus, dass jeder Mitarbeiter »Appraiser« werden könnte, ungeachtet seiner Qualifikationen. Inzwischen ist man dazu übergegangen, Mitarbeiter in verantwortlichen Positionen dafür auszuwählen, da diese mehr Möglichkeiten haben, Arbeitsergebnisse in die Praxis umzusetzen bzw. deren Umsetzung zu unterstützen.

1 Englisch auch im niederländischen Original. Da kein eingeführter Begriff für staff-appraisal im Deutschen vorhanden ist, wird der englische Begriff übernommen (d. Ü.).

Ziele des *staff-appraisal:*

- Qualitätssteigerung des Produkts oder der Dienstleistung;
- professionelle Weiterbildung aller Mitarbeiter;
- wichtiges Instrument zur Förderung professioneller Kompetenz.

Staff-appraisal ist somit »eine strukturierte Untersuchung der Leistungen der abgelaufenen Periode und eine Vorausschau auf das folgende Jahr. Die Leistungen werden ausgewertet. Auf dieser Grundlage werden Pläne für die Zukunft gemacht. Es geht um Entwicklung, nicht um Bewertung. Ziel ist eine dauerhafte Qualitätsverbesserung.« (Sheffield College 1996)

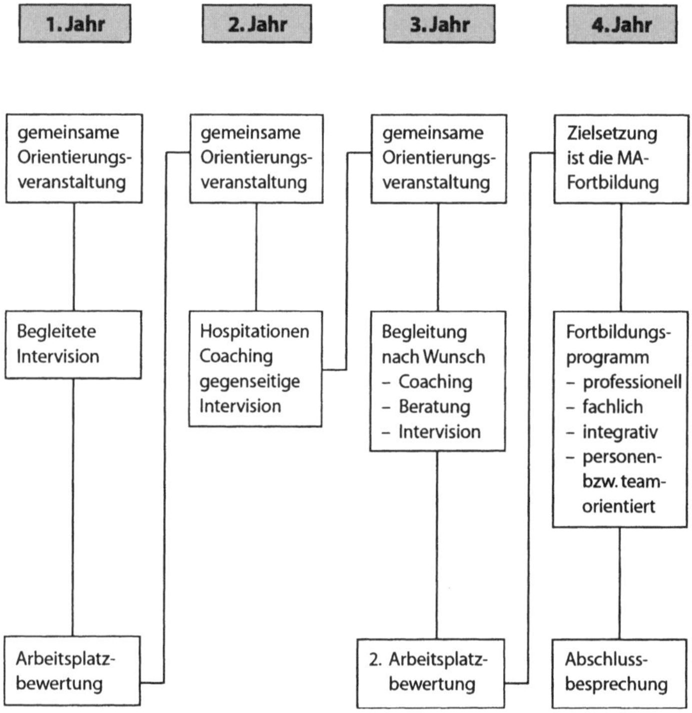

Abbildung 14: Mehrjähriges Modell der Personalentwicklung (staff-appraisal)

Ursprünglich gab es einen strukturierten Zyklus von Staff-appraisal-Aktivitäten, die sich über zwei, drei oder vier Jahre hinzogen (vgl. Abb. 14). Auf Grund der Nachteile dieses langfristigen Programmes – nachlassende Motivation, Trägheit und zu geringe Aussicht auf Resultate – ist man dazu übergegangen, in Ein-Jahres-Zyklen zu arbeiten.

Dieses angelsächsische System ist eine Bündelung dessen, was in den Niederlanden in der Form von Gesprächen zur Arbeitsplatzbewertung, von Intervision, Coaching und Weiterbildungsmaßnahmen üblich ist. Der heute gebräuchlichere Ein-Jahres-Zyklus zur Personalentwicklung besteht aus den folgenden Schritten:

1. Schritt

Sowohl der Appraiser (im folgenden A*per* genannt) als auch der Appraisee (*Apee*) erhalten ein mindestens eintägiges Training in den für ein Appraisal notwendigen Fertigkeiten. Es kann eine gemeinsame Veranstaltung für Aper und Apees geben (das fördert das gegenseitige Vertrauen); manchmal werden beide gesondert und mit unterschiedlichen Schwerpunkten trainiert.

2. Schritt

Jeder füllt einen Selbsteinschätzungs-Fragebogen aus. Auf der Grundlage dieser systematisierten Selbstanalyse werden die Lernziele des Apee kurz zusammengefasst. Anschließend wählt sich jeder Apee einen Aper aus. Diese Wahlen sind (soweit realisierbar) ein wichtiger Moment im Gesamtprozess. Die Wahl symbolisiert die Freiheit, sich einen Begleiter auszuwählen, zu dem man Vertrauen hat und von dem man meint, etwas lernen zu können.

3. Schritt

Apee und *Aper* besprechen den *Selbst-Appraisal*-Fragebogen. Die Zielsetzungen werden nötigenfalls aktualisiert. Das weitere Vorgehen wird geplant, wobei eine Option die teilnehmende Beobachtung des Apee in seiner Arbeitssituation (Hospitation) sein sollte (Option, nicht Verpflichtung).

4. Schritt

Es findet ein abschließendes Gespräch statt, im Rahmen dessen ein Plan für weitere Aktionen erarbeitet wird. Dem kann ein Abschlussgespräch in der Gruppe folgen.

5. Schritt

Durchführung des Aktionsplans, was das ganze folgende Jahr in Anspruch nehmen kann. Häufig beginnt man im ersten Jahr des Appraisal-Prozesses mit Qualifizierungsvereinbarungen.

Der Abschlussbericht mit den darin aufgenommenen Vereinbarungen wird, u.a. wegen der finanziellen Konsequenzen, mit der Leitung besprochen, damit sie dazu Stellung nehmen kann.

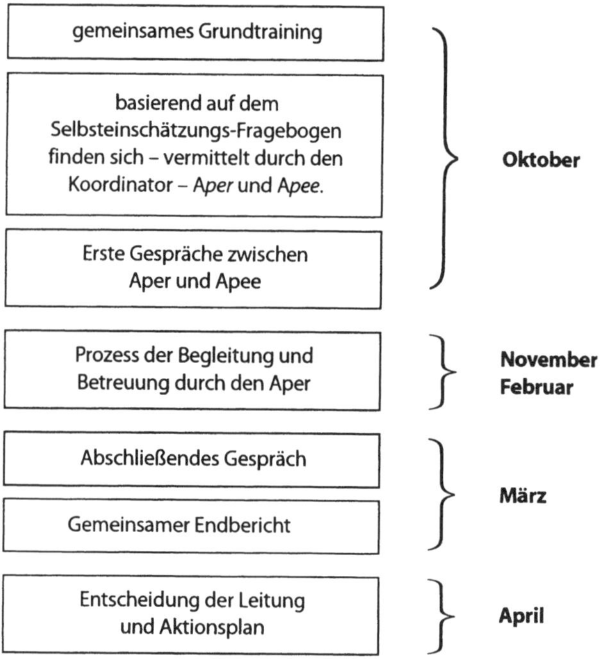

Abbildung 15: Einjähriger Personalentwicklungszyklus (staff-appraisal)

Der ständige Blick auf das Wohl und Wehe der Mitarbeiter wird, nach anfänglicher Unsicherheit, inzwischen als sehr positiv erfahren, da er es der Einrichtung ermöglicht, gezielte Personalentwicklungsmaßnahmen zu ergreifen.

Für die Situation in den Niederlanden bedeutet diese Entwicklung, dass professionelle Probleme mithilfe begleiteter Intervision bearbeitet werden können. Ziel ist es, die Potenziale jedes Mitarbeiters zu stärken. Intervision hat so eine integrierte Stellung neben anderen Betreuungs- und Beurteilungs-Aktivitäten.

6.5 Schwerpunkte der begleiteten Intervision

Nach diesem Überblick will ich abschließend noch einmal die wichtigsten Aspekte der begleiteten Intervision zusammenfassen.

Der Begleiter
- ist Trainer/Coach; ist so nahe am Gruppenprozess wie nötig, so weit auf Abstand wie möglich;
- berücksichtigt die Autonomie und die individuelle Steuerung durch die Teilnehmer;
- kann die Gruppe auch wieder loslassen;
- hat praktische Erfahrungen mit gruppendynamischen Prozessen.

Die Teilnehmer
- haben sich vorab gut informiert;
- wissen, was von ihnen erwartet wird (Zeitinvestition, Hausaufgaben, Anwesenheit);
- sind sich ihrer Verantwortung für das eigene Lernen bewusst;
- sind bereit, aus eigener Erfahrung zu lernen.

Gruppendynamische Voraussetzungen
- in der Ichform sprechen;
- sich möglichst autonom verhalten;
- auf Störungen achten;
- im Lernprozess das Gleichgewicht zwischen dem Ich, der Gruppe, der Aufgabe und der gesellschaftlichen Realität beachten.

Formulierung von Problemen
- kurz und bündig;
- maximal fünf Sätze;
- das Problem im Lauf des Prozesses neu formulieren.

Analyse von Problemen
- direkte Fragen stellen;
- nachfragen, klärende Fragen stellen;
- nicht interpretieren, nichts suggerieren.

Intervisionszyklus
- aufgaben- und ergebnisorientiert arbeiten;
- die Übungen sind Hilfsmittel, kein Selbstzweck;
- wachsendes Vertrauen innerhalb der Gruppe fördert die Kreativität und den Output;
- den Intervisionszyklus selbst gestalten.

Organisation
- Intervision in die Personalentwicklung der Organisation integrieren;
- das Leitbild der Organisationen berücksichtigen;
- einen Vertrag abschließen;
- gut informieren und mit realistischen Erwartungen arbeiten.

6.6 Schlusswort

Ich bin am Ende meiner Ausführungen. Die Druckfahnen sind korrigiert, das Buch kann erscheinen. Ich bin zufrieden. Ich denke, dass begleitete Intervision ein gutes Werkzeug ist, um die Qualität professioneller Arbeit zu verbessern. Das Interesse für Intervision ist geweckt. Überall stoße ich auf ein großes Bedürfnis nach Veränderung, Verbesserung und Erneuerung.

Die begleitete Intervision ist flexibel. Es kann verändert und verbessert werden. Man kann lebendiges Lernen nicht in ein starres Gerüst sperren. »*Die Dinge, die wir lernen müssen, um sie zu tun, lernen wir, indem wir sie tun*« (frei nach Aristoteles, vom Anfang dieses Buches).

Literaturverzeichnis

Associatie voor coaching: *Basisprincipes van coaching.* Kursmappe. Aarle Rixtel 1996.

Beelo, C.: Appraisal op prijs gesteld? In: *MESO-Magazine* 68/1993.

Broekmans, Trix: De juiste man op de juiste plaats. Intervisie bij RABO-managers. In: *Elan,* Juni 1994.

Cohn, Ruth: *Von der Psychoanalyse zur themenzentrierten Interaktion.* Von der Behandlung Einzelner zu einer Pädagogik für alle. Klett-Cotta, Stuttgart [13]1999.

Commissie Toekomst Leraarschap: *Het gedroomte koninkrijk. De toekomst van het leraarschap.* Educatieve Partners. Culemborg 1993.

Creativiteit en probleemoplossen. Vijftig trainingsactiviteiten. TFC Audiovisuele Media. Velp 1995.

Forum Vitaal Leraarschap: *Niets is zo kostbaar als een begin.* Utrecht 1996.

Groot de, Alice: *Supervisie en werkbegeleiding in het onderwijs.* Wolters Noordhoff, Groningen 1996.

Hendriksen, Jeroen: *Levend leren. Theorie en praktijk van de themagecentreerde interactie.* De Horstink, Amersfoort 1982.

Hendriksen, Jeroen u.a.: *Intervisie bij werkproblemen. Procesmatig en taakgericht problemen oplossen.* Nelissen, Baarn [8]1999.

Hendriksen, J.: Eenzaam maar niet alleen. Intervisie en begeleide intervisie in het onderwijs. In: *Meso-Magazine* 76/1994.

Henning, Lida: *Volwassen leren. Een model van ervaringsleren nader bekeken.* Nelissen, Baarn 1981.

Hesp, Anneke: Intervisie bevordert professionaliteit. In: *Het Schoolblad* 19/ 1996.

Het Utrecht College: *Rapport studiereis Staff Appraisal.* Schulausgabe. Utrecht 1996.

Jagt, Nel/Toos Rombout: Wat heet intervisie? Een klein onderzoek. In: *Supervisie in opleiding en broep* 3/1992.

Jagt, Nel/Rombout: Intervisie in het Hoger Beroepsonderwijs? Een klein onderzoek naar wat nog meer intervisie heet. In: *Supervisie in opleiding en beroep* 3/1993.

De Jonghe, H./van Wezel, E./Veenman, S.: *Het coachen van leerkrachten. Een boek voor het begeleiden van leerkrachten.* CPS, Hoevelaken [2]1996.

Kolb, D.A./Fry, R.: ‚Towards an applied theory of experimential learning'. In: Cooper (Hrsg.) *Theories of Group Processes.* Wiley, London 1975.

Koster, Bob: Individuele begeleiding van gevorderde leraren: een nieuw terrein. In: *Meso-Magazine* 88/1996.

Miedema, Rients: *Kijk in de klas. Intervisieproject in de vreemde talen les.* CPS, Hoevelaken 1993.

Miles, M.B: *Learning to work in Groups. A practical Guide for Members and Trainers.* Teacher's College Press, New York/London 1981/2.

Oomkes, Frank: *Training als beroep. Sociale en interculturele vaardigheid.* Boom, Meppel 1992.

Praag van-van Asperen H.M./van Praag, Ph.H.: *Handboek Supervisie en Intervisie in de psychotherapie.* Academische Uitgeverij, Amersfoort 1993.

Prick, L.: De begeleiding van oudere docenten. In: *School en begeleiding* 36/1992.

Remmerswaal, Jan: *Handbook groepsdynamica. Een nieuwe inleiding op theorie en praktijk.* Nelissen, Baarn 1995.

Rogers, C.: *Lernen in Freiheit. Zur Bildungsreform in Schule und Universität.* Kösel, München 1974.

Rotteveel, R./Vanmolkot, L.: Het intervisieprotocol. In: *Maandblad Geestelijke Volksgezondheit* 12/1993.

Shea, Gordon F.: Mentoring. *A guide to the basics.* Kogan Page, London 1994-2.

Stanford, G.: *Groepswerk in het onderwijs. Een gids voor docenten, gebaseerd op ervaringen in de klas.* Intro, Nijkerk 1980.

Steeman, A. u.a.: Leren om te lernen. De rol van leerling, leraar en school. Educatieve Partners Nederland. In: *Meso Focus* 15/1993.

Stevens, M.: How to be a better problem solver. The industrial Society. London 1996.

Supervisie in opleiding en beroep. Themanummer Intervisie, 1998 Nr. 1/2.

Thomas, A.: Coaching van teamleden. Nelissen, Baarn 1996.

Verhoeven, Willem. De manager als coach. Coaching als managementstijl. Nelissen, Baarn ^{3}1995.

Visser, I. u.a.: Confonterend coachen. Een werkboek voor het begeleiden van leerkrachten met problemen. CPS, Hoevelaken 1995.

Whitmore, J.: Succesvol coachen. Nelissen, Baarn 1995.

Zier, H.: Voor het eerst supervisie. Wolters-Noordhoff, Groningen 1983.

Zier, H.: Opmerkingen over intervisie. In: VO-Cahier 3/1989.